Éditions du Moment
15, rue Condorcet
75009 Paris
www.editionsdumoment.com

Je n'ai jamais été petit

Florent Piétrus
En collaboration avec Romain Schué

Je n'ai jamais été petit

LES ÉDITIONS DU MOMENT

PRÉFACE

Si je devais choisir un ami pour partir à la guerre avec moi, ce serait Florent Piétrus. Aucun doute là-dessus. J'ai une entière confiance en lui. Tu peux toujours compter sur lui et il se donnera à cent pour cent. Tous les deux, nous avons vécu une longue histoire. Comment vous la raconter ? Je vais tenter d'être précis.

La première fois que je l'ai rencontré, c'était en équipe de France « cadets ». J'avais quinze ans et Florent, seize. J'étais surclassé avec sa génération pour disputer un championnat d'Europe en Belgique. Déjà, à cet âge-là, c'était un gars très volontaire, très positif, qui allait toujours de l'avant. C'était, et ça n'a pas changé, un gros défenseur, très athlétique. Il jouait pour l'équipe.

À l'époque, il tenait le même rôle qu'aujourd'hui. Il n'était pas le plus talentueux sur le parquet ou le plus clinquant. Sa spécialité, c'est le travail de l'ombre. Tout ce qui ne se remarque pas si l'on ne connaît pas le basket. Après toutes ces longues années au plus haut niveau, je peux aisément vous l'affirmer : Florent ne brille peut-être pas en attaque, mais son apport et sa présence sont primordiaux. Pour former un groupe, il faut de multiples ingrédients. Parfois, les plus importants ne sautent pas aux yeux. « Flo » est de ceux-là. Il ne noircira peut-être pas les colonnes des statistiques, mais c'est à ses côtés que l'on peut décrocher une grande victoire. L'histoire nous l'a prouvé.

Florent, ou « Floflo » tel qu'on l'appelle entre nous, fait partie de mon quotidien. Je ne l'oublie pas dès la fin de nos matchs, l'été, avec les Bleus. Notre relation n'est pas superficielle. Je l'ai toujours répété : j'ai deux familles. Celle avec les Spurs de San Antonio, tout au long de l'année, avec Gregg Popovich, mon coach, et Tim Duncan, que je connais depuis très longtemps, et ma famille en équipe de France. Depuis des années, notre adolescence plus précisément, nous passons plusieurs mois ensemble. Nous tentons, parfois en vain, de rapporter une médaille. Mais avant tout, nous nous éclatons. Nous nous apprécions tous énormément. Nos liens sont très solides et, toute l'année, nous restons en contact. Nous nous appelons, nous prenons des nouvelles, nous consultons les résultats des uns et des autres, nous nous félicitons.

Depuis notre première aventure en Belgique, « Flo » appartient, avec Boris Diaw et moi, à cette nouvelle génération de basketteurs français qui n'a qu'un seul but : marquer l'Histoire et remporter une médaille d'or pour notre pays.

« Flo » est doté d'un très grand cœur. Il est très généreux. Et je ne parle pas que du sport. Sa famille est à son image. Il aime aussi s'adresser aux plus jeunes. C'est un peu notre rôle, à nous, les anciens. En tant qu'ambassadeurs et pionniers de notre sport, nous essayons de préparer la relève qui, un jour, nous succédera. Il faut éviter de rééditer les erreurs déjà commises par de précédentes équipes de France où la jalousie, la concurrence et les ego ont plombé les compétitions.

Lorsque tu portes le maillot bleu, tu viens pour défendre ton pays. Il faut en prendre conscience. « Flo », Boris et moi, nous sommes très fiers, très honorés d'expliquer tout cela aux nouveaux.

Mais je dois cependant vous avouer aussi quelque chose : « Floflo » aime charrier les jeunes joueurs qui nous rejoignent chaque été ! Il adore les embêter, leur faire chanter la Marseillaise au restaurant devant tout le monde ou leur donner des ordres. C'est, clairement, le patron du bizutage !

Pourtant, l'histoire entre « Flo », l'équipe de France et moi aurait pu s'arrêter en 2012. Après de multiples échecs, il envisageait de prendre sa retraite internationale à la fin des Jeux Olympiques de Londres. Hors de question. S'il y a un joueur qui méritait une médaille autant que Boris et moi, c'est bien lui ! J'ai voulu le raisonner car c'était une erreur. Au téléphone, j'ai été très clair : « Flo, ça me ferait vraiment chier de gagner un titre de champion d'Europe sans toi. Tu dois faire partie de l'aventure. Tu ne peux pas prendre ta retraite, tu dois continuer et, tu verras, la roue va tourner. »

Je suis content d'avoir réussi à l'influencer et à le faire revenir sur sa décision. Heureusement, ce n'était pas trop compliqué. « Floflo » croit en moi et, depuis, nous avons eu la chance de vivre des moments inoubliables qui resteront à jamais gravés dans notre cœur.

Je le comprenais néanmoins car, parfois, le sport est cruel… Tout n'a pas été rose. Nous avons connu de nombreuses déceptions, des galères, des moments de doute. Pourtant, je ne changerais en rien toute cette histoire commune. Notre équipe est partie de très, très loin. Avant nous, malgré une finale olympique en 2000, le palmarès de la France était peu fourni. En 2005, lors de l'Euro en Serbie, lorsque nous avons remporté notre première médaille de bronze, bien sûr, nous étions déçus. Quelques jours plus tôt, nous avions vécu l'enfer, un cauchemar éveillé face à la Grèce en demi-finale, alors que la victoire nous tendait les bras. Un échec traumatisant. Mais ce bronze, ce n'était pas rien. La première médaille pour la France depuis un demi-siècle dans cette compétition !

Le succès, malheureusement, ne vient pas instantanément. Il faut franchir petit à petit les étapes et c'est ce que nous avons fait. En 2007, c'était très dur. Nous avons terminé huitième de l'Euro et manqué la qualification pour les JO 2008. Nous étions au fond du trou. Florent l'a mal vécu, surtout que son frère, pour la première fois, n'était pas présent à ses côtés. Ce n'était qu'une étape dans notre longue carrière. Un apprentissage du très haut niveau. En 2011, nous avons décroché l'argent puis, deux ans plus tard, notre travail, nos efforts ont été récompensés avec cette médaille d'or obtenue en Slovénie.

En dix ans, il a fallu construire, avec « Flo » et Boris, cette culture de la gagne, cette mentalité. Nous nous étions promis de rapporter ce premier succès, ensemble, à notre pays. L'Espagne nous a longtemps dominés et, finalement, cela a été bénéfique pour l'équipe de France. Elle nous a poussés vers le haut. Sans cette belle génération espagnole, la France bénéficierait certainement d'un palmarès plus étoffé, mais je ne regrette rien. Ce titre acquis en 2013 n'en est que plus beau. Lorsque l'on traverse un tel chemin semé d'embûches, tortueux, le bonheur se savoure longuement.

Lors de l'Euro 2013, nous n'avons pas tremblé. C'était notre année. Avec « Floflo » et Boris, nous étions déterminés. Nous voulions accomplir notre destin, l'attente avait été très longue. En demi-finale, en battant l'Espagne au terme d'un scénario épique, j'ai même connu plus d'émotions que face à la Lituanie en finale. Cette équipe, nous voulions impérativement la battre. C'était la finale avant l'heure. Mais pas question, pour autant, de galvauder la finale, la vraie. La veille au soir, je suis passé dans les chambres de mes coéquipiers. Je voulais les prévenir : « Les gars, c'est impossible de perdre demain. Nous n'avons pas le droit ! »

Florent était sur la même longueur d'ondes. Il a toujours répondu présent pour me défendre ou pour me soutenir. Ce matin-là, à quelques heures de la finale, il vient me voir durant le petit déjeuner : « Comment va mon MVP[1] aujourd'hui ? »

Ce n'est pas grand-chose, mais son sourire et la confiance qu'il me témoigne m'ont vraiment fait chaud au cœur. Il croit en moi comme, moi aussi, je crois en lui. C'est toute cette harmonie qui nous a menés au succès.

Je me rappelle une autre anecdote avant la demi-finale. Après la séance de tirs matinale à la salle, nous avons eu une petite discussion : « Flo, il faut vraiment que tu tires, que tu prennes tes responsabilités

1. *Most valuable player*, le meilleur joueur du tournoi.

en attaque. Si les Espagnols, comme Marc Gasol, ne te respectent pas, s'ils défendent dans la raquette et que tu es libre à trois points, tire ! »

En fin de match, cette action, celle que j'avais envisagée, s'est réalisée. Il a rentré son shoot et j'étais fier de lui. En se retournant, il m'a fait un petit clin d'œil. Je ne suis pas surpris. Florent répond toujours présent dans les grands rendez-vous, lorsque la pression est à son comble. Ce jour-là, il a accompli l'un des meilleurs matchs de sa carrière en équipe de France.

Pourtant, il a souvent été critiqué. Des journalistes ont cherché à l'égratigner avant la compétition. « Il ne tire pas assez », « Florent Piétrus est-il encore utile à l'équipe de France ? » Je crois qu'il a définitivement prouvé à tout le monde que son rôle est indispensable. Je l'ai toujours défendu, il est l'un des leaders de l'équipe et le leader de la défense.

Aujourd'hui, Florent mérite de quitter les Bleus lorsqu'il le décidera. Il a gagné le droit d'orchestrer et de mettre en scène son départ. J'ai un rêve : que nous partions ensemble, « Flo » et moi, après une finale à Rio, lors des Jeux Olympiques en 2016…

Tony Parker

INTRODUCTION

Dimanche 22 septembre 2013. Jamais, mais vraiment jamais, je n'oublierai ce moment. Il restera gravé dans ma mémoire. Quoi qu'il arrive. Dès que le *buzzer* a retenti à la fin de cette finale inoubliable de l'EuroBasket face à la Lituanie, les larmes ont coulé. C'était l'accomplissement d'un long, d'un très long travail, qui venait, à cet instant précis, de se réaliser.

« *Ça y est, je peux mourir tranquille.* » Et j'exagère à peine. Tout ce dont j'avais rêvé était à présent face à moi. Une victoire avec l'équipe de France, avec le maillot bleu-blanc-rouge. Avec mon pays. Enfin !

Gagner des titres avec son club paraît déjà fantastique. Mais gagner avec le maillot de son pays, c'est grandiose. Incomparable. Magique. La plus belle victoire de toute ma carrière.

Ce jour-là, juste avant de monter sur le podium pour recevoir la médaille d'or, des milliers d'images ont défilé dans ma tête. J'étais sonné. Tous mes coéquipiers couraient autour de moi, ils me sautaient dessus, hurlaient de bonheur. Moi, je pensais à plein de choses en même temps : ma mère, mes proches, ma famille.

À mes côtés, Tony Parker. Il est l'un des seuls, à ce moment précis, qui puissent me comprendre. À mes yeux, ce match face à la Lituanie représente aussi une victoire pour nous deux. Pour Boris Diaw et Mickaël Gelabale également. Tous les quatre, nous ramions depuis plus de dix ans avec l'équipe de France. Je voulais partager ces quelques secondes avec eux.

Tony et moi, nous nous ressemblons. Depuis des années, nous courons derrière ce titre. L'accomplissement d'une ambition commune. Nous sommes tombés dans les bras l'un de l'autre. Nous n'avons même pas eu besoin de parler. L'échange de regards, l'émotion, ont suffi.

Nous avons parcouru des chemins très compliqués avant d'en arriver là. Ensemble, nous avons échoué à l'Euro 2003 alors que nous formions une *Dream Team* à la française, gâché une demi-finale en 2005, manqué les JO 2008, perdu la finale de l'Euro en 2011 face à l'Espagne, etc. En une seconde, toutes ces défaites, tous ces mauvais souvenirs ont été effacés.

C'était notre heure. Nous étions sûrs de nous. Sûrs de notre force. Après une victoire en demi-finale face à l'Espagne, et même si nous avions réalisé le match du siècle pour le basket français, nous ne nous sommes pas laissé envahir par l'excitation. L'objectif n'était pas simplement une qualification pour la finale. Nous nous étions plantés deux ans plus tôt pour cette raison-là. Cette place de finaliste, lors de l'Euro 2011, suffisait à notre bonheur car elle représentait une qualification pour les Jeux Olympiques de Londres l'année suivante, une première pour notre génération. Une première pour la France depuis les JO 2000. Nous étions tellement heureux après notre demi-finale victorieuse que nous sommes passés à côté du match décisif face à l'Espagne. Nous avons oublié de jouer…

Hors de question de revivre cette humiliation. Nous avions une telle détermination, une telle envie, que rien au monde n'aurait pu nous priver de ce titre. Nous aurions pu jouer face à l'équipe américaine. Nous aurions gagné. Nous étions surmotivés, surtout nous, les anciens.

Mais cette confiance en nous n'a pas toujours existé. Notre parcours a été chaotique. Après l'échec des JO de Londres et notre élimination en quart de finale, nous nous étions tous promis de revenir pour gagner cet Euro. Nous vieillissions et la fenêtre de tir pour remporter enfin un trophée se rétrécissait petit à petit. J'en avais marre d'entendre parler de cette « *belle génération qui ne remporte jamais rien* ». Juste avant le début de la préparation, j'étais donc remonté. Mais déçu par certains désistements. Par ceux qui n'avaient pas respecté leur engagement, qui avaient préféré faire d'autres choix – que je respecte. Sur le moment, j'étais écœuré. Depuis plusieurs années, nous bâtissions une équipe solide, complémentaire, prête à décrocher un titre. Mais, durant cet été 2013, nous repartions quasiment de zéro. Sur le papier, l'effectif paraissait séduisant mais, malgré leur talent, nos jeunes manquaient d'expérience au plus haut niveau international.

Fin juillet, lorsque l'équipe s'est réunie pour la première fois, je n'étais pas très optimiste. J'étais loin de l'homme sûr de lui, sûr de ses forces, que je deviendrais à la fin de la compétition. J'ai été critiqué. Certains médias et observateurs affirmaient que je n'avais plus ma place, que je ne méritais plus d'appartenir à cette équipe. Après plusieurs matchs amicaux, alors que j'étais diminué physiquement, on remettait déjà en question mon statut. Même si je ne lisais pas assidûment les journaux, ces remarques m'avaient touché.

Finalement, tous ensemble, nous avons répondu présent au moment décisif. C'est le plus important. Il n'y a vraiment que le sport pour te faire vivre de telles émotions.

Au pied du podium, avec cette médaille autour du cou, je pense aussi à Christelle, mon épouse. Elle est là, dans les tribunes de cette salle de Ljubljana. Chaque été, en compagnie des familles de mes coéquipiers, elle me suit, peu importe l'endroit. Un mode de vie pas forcément évident, ni pour elle, ni pour nos proches. Depuis tant d'années, ils partagent nos joies mais aussi nos déceptions.

Après une défaite, le retour en France est rarement joyeux. La digestion est compliquée, longue, et il faut nous conforter.

Ce titre récompense tous ces efforts consentis. Ces étapes traversées, j'ai envie de vous les raconter. Tout le monde ne peut pas comprendre ce que j'ai vécu. À commencer par quelques-uns de mes coéquipiers, les plus jeunes, qui n'ont pas autant souffert que moi pour en arriver là. Toucher enfin son but, maintenant, c'est merveilleux. J'en suis très fier.

Je porte le maillot tricolore depuis l'âge de seize ans. Ma première compétition en bleu, je l'ai vécue avec Tony, lors du championnat d'Europe réservé à la catégorie « cadets » en Belgique, en 1997. Depuis ce jour, l'objectif a toujours été le même : la médaille d'or. La seule qui compte à mes yeux. Avec cette tunique, j'endosse une nouvelle responsabilité. Je me dois d'être exemplaire. Je représente la France, mon pays. Un immense honneur. Chanter l'hymne national, avec mes amis, avec le public, reste un moment très intense, fantastique.

Lorsque j'ai commencé à jouer au basket, gamin, en Guadeloupe, c'était pour m'amuser. Je ne pensais pas une seule seconde à devenir professionnel. Ce n'était qu'un jeu. À cette époque, je n'ai même jamais rêvé de tous ces titres, de ces médailles, de ces finales.

Enfant, j'aurais pu mal tourner. La vie ne tient pas à grand-chose. Dans mon cas, à la poigne de ma grand-mère.

Chaque match, je le dédie à ma mère, décédée d'un cancer alors que je n'avais que dix ans. Elle m'a donné toute la force qui m'habite, qui me permet d'avancer. En quelque sorte, sa mort m'a aidé. Bien sûr, ce moment fut horrible. La perte d'une mère est certainement l'instant le plus terrible à vivre. Mais avec le recul, j'en suis sûr, elle nous a poussés, mon petit frère Mickaël et moi, à nous battre dans la vie. Cela m'a responsabilisé. Dans mon malheur, j'ai toujours retenu cette phrase : « *Ne jamais rien lâcher.* » Je me suis toujours battu pour m'en sortir, pour y arriver.

À quinze ans, en partant à Pau, dans une métropole que je ne connaissais pas, j'ai dû lutter pour réussir. M'accrocher. J'ai grandi, je pense, plus vite que les autres. Plusieurs fois, j'ai voulu rentrer, tout abandonner. Parfois, les gens s'imaginent que les sportifs mènent une vie idyllique. Mais les sacrifices, lorsqu'on est jeune, sont nombreux. Surtout pour percer au plus haut niveau.

Cela peut vous paraître anodin mais, adolescent, je n'ai jamais pu profiter d'un après-midi au cinéma. L'école et les entraînements primaient. Le week-end, j'assistais au départ de mes camarades alors que moi, j'étais coincé. Je restais, seul, dans l'auberge qui nous accueillait, à des milliers de kilomètres de ma famille. Mais dans un coin de ma tête, ma mère me guidait et me poussait à me battre.

Ce titre, il est pour elle. Je pense qu'elle est fière de nous, qu'elle est fière de moi. Pas forcément de mes médailles, mais de l'homme que je suis devenu. Des valeurs que j'ai pu transmettre. Aujourd'hui, je suis un sportif, mais j'aurais pu réussir dans n'importe quel domaine, j'ai toujours eu cette volonté de me battre, d'avancer. Je ne suis pas inquiet si je dois arrêter prématurément le basket. Je sais qu'une étoile brillera toujours au-dessus de ma tête et m'aidera dans un autre milieu.

« *Pourquoi voulez-vous raconter votre vie ?* » m'a demandé, un jour de décembre, à Paris, une tasse de thé à la main, Yves Derai, l'éditeur de cet ouvrage.

C'est vrai, pourquoi parler de moi ? Lorsque Romain Schué, un ami journaliste que je connais depuis plusieurs années, a évoqué ce projet, je me suis posé quelques questions. Mais je n'ai pas hésité longtemps. Et lorsque nous avons rencontré Yves tous les deux, je n'ai pas tergiversé. Ce livre est pour mes enfants. J'ai envie qu'ils découvrent mon parcours, les difficultés rencontrées. Je veux tenter de leur prouver que le travail est important, que rien n'est acquis, que le dépassement de soi est primordial pour réussir.

Je souhaite également relater ce long cheminement aux nouveaux joueurs de l'équipe de France. Aux futurs sélectionnés et sélectionnables. Leur expliquer nos douleurs et les règles que nous avons imposées. Pourquoi ont-elles été mises en place ? Que souhaite-t-on éviter ? Pourquoi le respect de la hiérarchie et de nos valeurs est-il si important à mes yeux ? Je pense que chacun, à la lecture de ce livre, le comprendra.

J'espère aussi que ce récit accompagnera d'autres personnes qui ont connu des drames personnels similaires, ou des problèmes professionnels. La vie n'est pas facile, je le sais. Mais il est important de ne jamais baisser les bras. De ne jamais s'effondrer.

Depuis tout petit, j'ai un proverbe en tête que je ne cesse de répéter : « *Même une horloge cassée te donne deux fois l'heure dans la journée.* » Tu as connu quelque chose de grave ? Tu ne dois pas te morfondre, mais relever la tête et avancer. L'horloge continue de tourner et, dans ton malheur, tu trouveras toujours un élément positif pour te pousser vers le haut.

Si j'ai réussi à gagner des titres, ce n'est pas grâce à mon talent. J'en ai beaucoup moins que certains. Mais j'ai travaillé. Encore et encore. L'abnégation, le courage, le sacrifice, dans le sport ou dans la vie en général, cela finit généralement par payer.

Première partie

La Guadeloupe, terre d'enfance

I

MA MÈRE, MON MOTEUR

Une paire de baskets aux couleurs des Chicago Bulls. J'avais sept ans et c'est l'un de mes premiers et meilleurs souvenirs avec ma mère.

Juste avant la rentrée des classes, elle nous avait emmenés, mon petit frère Mickaël et moi, au centre-ville des Abymes, en Guadeloupe, pour nous acheter de nouvelles chaussures. Ma première paire de baskets. Pas une grande marque, loin de là. De toute façon, ce n'était même pas envisageable. Les Nike, il fallait oublier. Nous vivions très modestement même si nous ne manquions de rien. Ce jour-là, ma mère paraissait rayonnante et nous, sacrément heureux. Alors que Mike avait opté pour des Reebok, moi, j'avais choisi ces baskets rouges et noires, dont les talons clignotaient lorsque je marchais. De quoi rendre jaloux tous mes copains d'école. Le bonheur, pendant encore quelques mois...

La Guadeloupe, c'est toute ma vie. Le seul endroit au monde où je me sente chez moi. C'est mon île. La chaleur, les belles plages et l'envie de vivre : rien n'est plus beau. Lorsque j'y retourne, je me ressource, je vis, je savoure chaque instant, je recharge mes batteries. J'y ai connu des drames, de nombreux soucis, mais aussi énormément d'instants savoureux, passionnants, inoubliables.

Dès l'instant où je pose le pied à Pointe-à-Pitre, sur le tarmac de l'aéroport, les souvenirs remontent à la surface. J'ai l'impression, à chaque fois, d'être à nouveau un gamin d'une dizaine d'années.

Jusqu'à mes quinze ans, âge de mon départ pour le centre de formation de Pau-Orthez, j'y ai grandi et mûri très rapidement.

Les conneries, les aventures et même les chutes à vélo – j'en ai gardé une trace sur le poignet gauche –, tout me revient.

Mais commençons par le commencement, le 19 janvier 1981.

Ce jour-là, aux Abymes, un troisième petit Piétrus, prénommé Florent Marius, voyait le jour, le sixième enfant de ma mère. Avant moi, il y avait Rony Coco, mon premier modèle, sept ans, Hébert, six ans, et Jean-Philippe, cinq ans, mes trois demi-frères issus d'unions précédentes. Puis mes deux sœurs, Kelly, deux ans, et Régine, un an. Le 7 février 1982, Mike est venu au monde. Le benjamin de cette grande fratrie.

Nous étions, Mike et moi, les chouchous de la famille. À cette période, nous vivions encore aux Abymes, avec mon père et ma mère. J'écris *encore*, car nous avons sans cesse déménagé. Nous étions un peu les nomades des Antilles. Nous avons dû bouger quatre ou cinq fois en quelques années. Notre vie était très mouvementée !

Ma mère, Claudine Coco, occupait un poste de fonctionnaire à la mairie des Abymes et mon père, Lambert Piétrus, était employé chez Coca-Cola. Qu'y faisait-il exactement ? Aucune idée ! Tout ce que je sais, c'est qu'il travaillait beaucoup et qu'on ne le voyait pas souvent à la maison. Je ne me rappelle même pas mes parents tous les deux réunis.

En fait, leur relation n'a pas duré longtemps après ma naissance. Ils se sont séparés avant mes cinq ans et, depuis, je n'ai quasiment plus reçu de nouvelles de mon père. C'est un autre homme qui nous a élevés, Louis Jean, mon beau-père. Nous l'appelions « ami Jean ». Après le décès de ma mère, il a continué à s'occuper de nous, à venir nous voir, à nous apporter des cadeaux.

Mon tout premier souvenir remonte à l'école primaire, aux Abymes : sur la photo de classe prise au CP, à cinq ans, nous portions tous le costume traditionnel, la chemise en madras. C'était très coloré, j'en ris encore. Cette tenue était obligatoire, mais ça ne me dérangeait pas. À cet âge-là, on ne se rend pas compte. Maintenant, lorsque je regarde ce cliché, j'ai changé d'opinion : ce n'était vraiment pas terrible…

Lorsque ma mère était absente et que mon beau-père travaillait, mon grand frère, Hébert, veillait sur Mike et sur moi. Il préparait nos affaires pour aller à l'école, s'occupait des repas et des devoirs. Ah ! la belle époque, les excellents moments ! Mais dans la maison régnait un joyeux bordel.

Les quatre garçons dormaient tous dans la même pièce, dans des lits superposés et je partageais le mien avec Mike. Tout se passait bien entre nous. Il y avait beaucoup de respect des uns vis à vis des autres, malgré la différence d'âge. Dans la pièce d'à côté, mes sœurs avaient elles aussi des lits superposés et, un peu plus loin, se trouvait la chambre des deux enfants de mon beau-père, issus d'une précédente relation, qui avaient le même âge que Mike et moi.

C'était une petite maison familiale, assez modeste, typiquement antillaise, recouverte de tuiles. Lorsqu'il pleuvait, on entendait le cliquetis de la pluie qui ruisselait au-dessus de nos têtes. Ça nous berçait. Nous avons d'abord vécu route de Déravinière aux Abymes avant de déménager, avec mon beau-père, à proximité du Gosier. À chaque fois, nous étions assez isolés. Il n'y avait pas d'autres habitations à la ronde. Ma mère avait fait construire une grande maison juste à côté de notre premier logement, aux Abymes. Elle rêvait que nous ayons chacun notre chambre. Malheureusement, à cause de sa maladie, le projet a été abandonné. Les travaux étaient pourtant bien avancés mais, après son décès, plus personne ne s'en est occupé.

Ma mère se montrait parfois assez dure. Nous nous sommes pris, Mike et moi, quelques coups mais nous les avions sans doute bien cherchés. Nous n'étions vraiment pas faciles à vivre. Dès l'âge de quatre ou cinq ans, notre tempérament a commencé à s'affirmer. Nous nous ressemblions comme deux gouttes d'eau. Avec nos sœurs, nous n'arrêtions pas de nous chamailler. Nous leur tirions les cheveux et nous nous arrosions d'eau dans toute la maison ! Souvent, ça partait de rien, il n'y avait aucune raison. Nous avions juste envie de nous amuser.

De toute façon, nous n'avions pas trop le choix. Nous ne possédions que très peu de jouets et nous nous divertissions comme nous pouvions. Nous trouvions toujours quelque chose pour passer le temps. Les bagarres entre frères et sœurs plaisaient à tout le monde. Sauf à ma mère…

Elle était très maniaque. Sa vaisselle, par exemple, devait toujours être super propre. La maison, pareil. Alors imaginez lorsqu'on la salissait ! Il était hors de question, pour elle, d'accepter cela. En jouant, pourtant, nous cassions régulièrement des assiettes, des tasses, des verres. Nous le payions très cher. En fessés, notamment.

Un jour, elle a décroché le panier en macramé du salon, enlevé le pot de fleur posé à l'intérieur, pour nous corriger. Ça m'a laissé de sacrées marques. Nous avons aussi eu droit aux coups de ceinture. Mais elle ne nous frappait jamais gratuitement, sans raison. À chaque fois, ces corrections étaient justifiées. Il faut dire que nous enchaînions les conneries.

Elle prenait soin de sa porcelaine. Elle ne sortait ses assiettes que lors des très grandes occasions. Si on les voyait sur la table, le message était clair : quelqu'un d'important allait nous rendre visite. Mais avec nos ballons, forcément, en courant dans toute la maison, nous ne pouvions pas éviter la casse. La punition n'était pas agréable. Elle n'avait même pas besoin de crier. Un regard, et nous avions compris. Mes parents n'ont jamais eu besoin de nous répéter une remarque. Ou d'élever la voix. Tout de suite, nous devions obéir. Nous nous approchions docilement pour être corrigés. Et si nous bronchions, la ceinture ! Direct !

Mais ne vous méprenez pas, maman était une femme très aimante. Elle nous adorait, nous chouchoutait. Ses enfants passaient en premier, avant tout le reste. Une vraie mère poule. Malgré sa maladie, elle demeurait présente. Elle essayait, constamment, de nous faire plaisir même si nous menions une vie très modeste.

Une maman gâteau, excellente cuisinière, qui nous régalait avec sa spécialité, le court-bouillon de poisson avec du riz. L'un des plats typiques des Antilles qu'elle maîtrisait à la perfection. C'était une vraie Guadeloupéenne, une femme assez forte avec quelques kilos en trop, mais surtout une bonne vivante, la chouchoute de sa famille. Dans toutes les fêtes, il ne fallait pas chercher très loin qui animait la soirée. C'est elle qui mettait de l'ambiance. Tout le monde adorait sa compagnie. Elle parlait beaucoup, elle riait, elle n'arrêtait pas de danser. Elle n'avait honte de rien. Elle se moquait du regard des autres. J'ai toujours cette image de ma mère en train de danser avec ses frères et sœurs, non-stop. Elle était la joie de vivre.

À Noël, c'était magique. Nous nous donnions tous rendez-vous à Sainte-Anne, chez mamie Coco, le 24 décembre, la veille de son anniversaire. Du coup, il y avait toujours deux événements à fêter. Là-bas, c'est le quartier des Coco, les oncles, tantes, cousins, cousines, tout le monde y habite. À l'époque, cette rue n'avait pas de nom. Mais lorsqu'Internet et les GPS se sont développés, il a fallu la nommer pour la repérer à distance. Un jour, en revenant chez ma grand-mère, je découvris une plaque au bord de la route : « *Rue des Cocos* ». Finalement, c'était le plus simple.

Chez ma grand-mère, c'était le souk. Mamie a eu neuf enfants et environ trente petits-enfants ! Vous imaginez le bazar ! Au cours de la soirée, nous changions d'endroit, de maison. Nous allions chez nos oncles et tantes. Nous dansions chez les uns, mangions chez les autres et vice-versa. Partout, il y avait de la musique, des gosses et du champagne. Voilà la plus belle époque de ma vie. Nous étions tous réunis dans la bonne humeur.

Mon plus beau cadeau fut une console de jeux portable offerte par ma mère. Chacun – enfin Mike et moi – a eu la sienne. Même si financièrement nous nous serrions la ceinture, maman a toujours déployé des trésors d'imagination pour ne pas nous le faire sentir et pour nous contenter. Mike s'amusait à sauter sur des tonneaux pour libérer une princesse avec Donkey Kong et moi, je jouais tout le temps à Mario Bros.

Jusqu'à mes huit ans, je ne savais pas que ma mère était malade. Elle a tout fait pour nous cacher le plus longtemps possible son cancer du sein. Elle voulait impérativement épargner ses enfants. Mais son état s'est dégradé mois après mois et nous avons fini par comprendre.

Une nuit, elle souffrait atrocement et avait besoin d'un médicament en urgence. Mon beau-père est parti le chercher après minuit dans une pharmacie de garde. La même scène s'est produite à plusieurs reprises. Puis, elle est devenue très faible. Elle passait ses journées couchée. Je me souviens l'avoir entendue murmurer : « *Je n'arrive pas à respirer.* »

Un seul médicament parvenait à la calmer. Sinon, elle hurlait de douleur.

Pour nous préserver, elle est partie vivre chez sa mère, mamie Coco, à Sainte-Anne. Mon beau-père travaillait toute la journée et elle avait impérativement besoin d'une aide vingt-quatre heures sur vingt-quatre. Du coup, « ami Jean » et mes grands frères nous ont élevés. Maman, nous ne la voyions presque plus. Le week-end, nous allions en voiture jusqu'à Sainte-Anne – près d'une demi-heure de route –, pour lui rendre visite.

Elle était toujours fatiguée, mais elle tentait de nous rassurer. Elle nous prenait dans ses bras. Nous, nous étions paumés. Malgré son état, elle s'efforçait de nous protéger. Elle a préféré s'éloigner, nous quitter, plutôt que nous imposer une mère faible au visage triste, terrassée par la maladie. Une abnégation admirable. Elle craignait de nous angoisser. Mon beau-père également. À chaque fois, il nous répétait : « *Elle va mieux, ne vous inquiétez pas.* »

Nous étions obligés de le croire, même si, dans un coin de notre tête, nous en doutions. Nous espérions que cet état ne s'éterniserait pas, que tout rentrerait dans l'ordre, que nous pourrions à nouveau nous balader ensemble, faire les courses, acheter des baskets.

Lorsqu'elle prenait ses médicaments, elle retrouvait un peu d'énergie. Elle redevenait un temps la maman que nous avions toujours connue. Régulièrement, elle allait à l'hôpital pour différents examens. Elle s'est même rendue en métropole, à plusieurs reprises, pour consulter des spécialistes. Mais personne n'a jamais réussi à cerner exactement sa maladie. Il s'agissait visiblement d'un cancer, mais les médecins n'arrivaient pas à la soigner. Aucun docteur n'a su établir le bon diagnostic et nous n'avons jamais connu, précisément, les raisons de son décès.

C'est un soir de janvier, en 1991, que tout a basculé. À la maison, le téléphone a sonné en pleine nuit. Nous étions couchés. Je dormais. Mon beau-père était absent, il travaillait souvent de nuit. L'un de mes grands frères a donc décroché. À l'autre bout du fil, ma grand-mère. « *Votre mère est décédée* », nous a annoncé mamie.

J'ai entendu beaucoup de pleurs et de cris. Maman est morte dans son lit, chez ma grand-mère. Elle n'avait que quarante ans.

Quelques jours plus tôt, nous avions célébré un Noël assez étrange, qui ne ressemblait pas aux autres repas de famille que nous avions connus. Une fois de plus, nous nous étions rendus chez mamie mais maman était restée couchée. Elle était très faible. Elle ne pouvait pas se lever et, comme d'habitude, elle avait essayé de ne pas nous inquiéter.

Je m'en veux aujourd'hui encore. J'ai du mal à me pardonner ma réaction lorsque j'ai appris la nouvelle de sa mort. Cet appel, nous l'avons reçu dans la nuit du mardi au mercredi. La veille d'un jour de repos, sans cours ni devoirs. Ma première réflexion, plutôt que de penser à ma mère, fut : « *Ce n'est pas grave d'être réveillé. Demain, je n'ai pas école.* » Je n'avais pas pris conscience de la gravité de la situation, malgré les larmes de mes frères et sœurs. Aujourd'hui, un quart de siècle plus tard, je ressasse ce moment dans ma tête et cette phrase. Pourquoi ai-je songé à l'école alors que je venais de perdre ma mère ?

Mercredi matin, très tôt, nous avons filé en bus chez ma grand-mère. Mon beau-père était déjà sur place. D'ailleurs – je ne l'ai pas encore précisé et vous n'allez pas me croire –, il était croquemort !

La famille, en larmes, était déjà réunie. Tout le quartier s'était une nouvelle fois donné rendez-vous chez mamie Coco. Un avis de décès a même été diffusé à la radio. Ce n'est qu'à ce moment-là, finalement, que j'ai dû accepter l'inéluctable : plus jamais je ne reverrai ma mère. J'ai mis du temps avant de m'en rendre compte. Il a fallu que je voie ces visages, ces larmes, pour comprendre. Pour admettre cette fatalité. Je n'étais qu'un gamin de dix ans…

Maman reposait déjà dans son cercueil, au milieu du salon. Mon beau-père avait pris en main toute l'organisation dans la nuit et durant la matinée. Il avait tout anticipé, j'imagine, depuis plusieurs jours puisque ma grand-mère le tenait constamment informé de l'état de santé de notre mère. Il lui avait maquillé un peu le visage et aucune trace de souffrance ni de tristesse n'apparaissait. Ses yeux étaient fermés.

Je ne pouvais pas m'approcher. Je regardais, de loin, je n'arrivais pas à faire les premiers pas. J'étais terrifié. Cela nous a pris beaucoup de temps, avec Mike, avant de pénétrer dans la pièce. Voir ma mère, dans ce cercueil, au cœur d'une maison où j'avais vécu tant de bons moments avec elle, me paraissait insoutenable. Mon beau-père n'insista pas. « *Venez lorsque vous serez prêts* », nous répétait-il, pour nous rassurer.

Je pleurais. Aller à sa rencontre devait être une démarche très personnelle. Même si j'avais déjà admis sa mort, la voir, allongée ainsi, m'a coupé le souffle. Je manquais de mots pour exprimer mon désarroi. Atroce. Avec un peu de recul, je me rends compte que ce décès fut une délivrance pour elle. La maladie l'a emportée petit à petit. Elle souffrait. Terriblement. Elle ne le méritait pas. Être si faible ne lui ressemblait pas. Ne lui convenait pas. Je ne pouvais moi non plus m'y résoudre. Lutter, sans cesse, survivre avec la douleur : je refusais ce scénario. Le paradis l'attendait. Elle y a toute sa place.

« *Tout va bien.* » Elle n'arrêtait pas de me répéter ces trois mots. Encore une semaine avant son décès, lorsque je l'ai vue pour la dernière fois. Jamais, elle ne s'est montrée négative. Son caractère, sa force, son comportement, étaient jalousés. Elle a joué son rôle de mère jusqu'à la dernière minute. Elle restait déterminée, courageuse. Jamais elle n'a avoué sa douleur. Jamais elle ne nous a dit : « *Je vais bientôt partir, prenez soin de vous.* » Au contraire. « *Je vais me battre, je vais m'en sortir* », insistait-elle auprès de mes frères, mes sœurs et moi-même.

Le mot *courage*, je pense qu'inconsciemment je l'ai intégré à mon vocabulaire car il la caractérise. Je l'ai fait inscrire en signes chinois sur mon bras droit, au niveau du biceps, lorsque j'avais dix-neuf ans. Mon premier tatouage et, forcément, son héritage. Je ne voulais pas opter pour un truc au hasard, que j'aurais pu regretter quelques années plus tard. Ce mot signifie vraiment quelque chose qui m'est chevillé au corps.

Toute la journée du mercredi, il y eut des allées et venues dans la maison. Le soir, le lendemain également, une veillée a été organisée. Toute la famille, qui est très croyante, a prié dans le jardin de ma grand-mère, devant la terrasse. De nombreux proches nous ont rendu visite, chacun murmurant des paroles de réconfort, bougie à la main.

Tous se recueillaient et rendaient hommage à maman. Il y eut des discours, de multiples témoignages. Je me souviens de quelques phrases qui revenaient tout le temps : « *Merci pour tout ce que tu nous as apporté* »… « *Claudine nous a quittés* ». Ça a duré toute la nuit. Nous avons aussi chanté et dansé. En se remémorant de bons moments, sa façon de s'amuser. Malgré toute la tristesse, nous avons ri. Mes oncles et tantes se sont mis en cercle, l'ont imitée en train de danser. Une façon de lui témoigner leur affection, pour qu'elle parte tranquillement, avec le sourire. C'était assez dur, et ils ont tout fait pour atténuer notre peine.

Après ces deux veillées, l'enterrement eut lieu le vendredi. Nous sommes tous partis, à pied, de la maison de ma grand-mère jusqu'à l'église, en lisière de Sainte-Anne. Trois kilomètres, le corbillard en tête de cortège.

Juste avant qu'on ne ferme le cercueil, j'avais embrassé une dernière fois ma mère. Mon ultime au revoir. Durant la messe, je n'ai pas parlé, j'ai pleuré. Puis, nous avons encore marché deux kilomètres jusqu'au cimetière. Tout paraissait très silencieux.

Elle a été enterrée mais elle ne m'a jamais vraiment quitté. Signe du destin, mon fils est né un 20 juin, comme elle. Je suis sûr qu'elle l'a voulu ainsi. Je pense à elle quotidiennement. J'aurais tellement aimé qu'elle partage ma vie, qu'elle rencontre ses petits-enfants, qu'elle profite de ce que nous sommes devenus, Mike et moi. Tout ce que nous avons fait jusque-là, c'est pour elle.

Lors de chacun de mes matchs, je me signe et prononce une petite prière, en levant les bras, pour que ma mère me donne un peu de force, qu'elle me protège. Je répète ce geste trois ou quatre fois : en rentrant sur le parquet lors de l'échauffement, après les étirements, après la présentation des joueurs et au début du match. Toutes mes rencontres lui sont dédiées. C'est un rituel sacré.

Je n'ai qu'un regret : ne pas avoir poursuivi, aux Abymes, la construction de la maison qui lui tenait tant à cœur. Elle voulait nous y rassembler, nous y rendre heureux. J'aurais tant voulu prendre le relais, regrouper toute la famille. Malheureusement, la vie en a décidé autrement.

II

MON PÈRE ABSENT

Mon père, j'en parle peu. Tout simplement parce que je ne le connais pas. Je suis incapable de le décrire. Est-il un homme attentionné, dur, souriant, drôle, renfermé ? Je n'en sais rien. Même lorsque je tombe sur des photos de lui, aucun souvenir ne remonte à la surface. Je n'ai jamais rien partagé avec lui. Pas plus ma tristesse, mes soucis, mes peines, mon malheur, que mes joies, mes enfants, ma réussite et mes titres.

Je ne l'appelle pas « *papa* ». Ni même Lambert. En fait, je dis plutôt « *lui* », « *mon père* » ou « *il* ». Je ne sais pas comment m'adresser à lui. Depuis mon départ des Antilles à l'âge de quinze ans, je ne l'ai revu qu'une seule fois, durant l'été 2009. Ce jour-là, toute la famille était réunie à Mulhouse, en Alsace, pour le baptême de ma nièce. À l'invitation de ma sœur, il avait effectué le déplacement depuis la Guadeloupe pour passer plusieurs jours avec nous. Mais nous ne nous sommes même pas adressé la parole. Pas une seule fois.

Il reste mon père, mais plus biologique qu'affectif. Presque un inconnu. Peut-être aime-t-il ses enfants, je l'imagine volontiers, mais, avec moi, il ne l'a jamais montré. Nous n'avons jamais vécu côte à côte et, surtout, il n'a jamais pris de mes nouvelles. Son rôle de père, c'est ma mère qui l'a tenu, tout comme celui d'ami, de confident et de maman. Tous en même temps.

Comment en sommes-nous arrivés à cette situation ? Là encore, je n'en sais rien. La séparation d'avec ma mère s'est probablement mal déroulée. Quelque chose d'assez dramatique, peut-être. Pourquoi se sont-ils quittés ? Aucune idée. J'étais jeune et ni moi ni mes frères et sœurs n'avons cherché à comprendre. Nous n'avons jamais posé la moindre question. Après leur rupture, nous le revoyions de temps en temps. Cela restait furtif. Je n'ai d'ailleurs aucun souvenir précis en sa compagnie. Ni une sortie, ni une balade ou un instant affectueux. Après le décès de ma mère, je n'ai même pas besoin de me remuer les méninges, il a coupé les ponts.

Aujourd'hui, j'aimerais comprendre. Savoir. Connaître les raisons, ses raisons. Peut-on ne pas prendre de nouvelles de ses propres enfants ? Les oublier après un tel drame ? Je reste étonné, surpris, interloqué. À l'époque, je ne me posais pas toutes ces questions. Je ne lui en voulais pas, je n'avais pas conscience de la situation. Je ne l'avais jamais connu, je vivais sans père. Tout simplement.

Pourtant, ma mère ne nous empêchait pas de le voir. J'ai vraiment le sentiment d'avoir été abandonné. A-t-il voulu tourner la page pour refaire sa vie ? Après réflexion, je ne crois pas. Mon père est resté aux Abymes et, à ma connaissance, n'a pas entretenu d'autres relations sérieuses avec une femme, ni eu d'autres enfants. Pourtant, il n'a jamais cherché à renouer le contact avec nous. Après le décès de ma mère, il aurait pu, il aurait dû revenir vers ses enfants. N'était-ce pas là son devoir de père ? Prendre soin des siens ? Nous réconforter, nous parler, nous rassurer, était-ce une mission si difficile ? De temps en temps, il s'entretenait avec ma grand-mère. Jamais avec moi. À Noël, nous n'avions aucune nouvelle, aucun cadeau. Pourtant, des paquets soigneusement emballés arrivaient. Mais de la part d'« ami Jean » qui venait chaque week-end nous rendre visite. Mon beau-père l'avait remplacé et, malgré la mort de sa femme, il ne nous avait pas oubliés et nous considérait encore comme ses enfants. Même lorsque nous avons, Mike et moi, débuté notre carrière professionnelle et commencé à gagner des titres, mon père s'est tu, est resté muet.

Lorsque je l'ai revu durant cet été 2009, j'étais perdu, j'éprouvais de la gêne. Lui parler m'angoissait. À table, beaucoup de personnes auraient machinalement dit : « *Papa, peux-tu me passer le sel?* » Pour moi, impossible! Je m'adressais à un individu *lambda* dont j'évitais de croiser le regard pour échapper à tout problème.

Nous avons cependant deux points communs : notre nom de famille et une certaine timidité. Ce dernier point est peut-être une explication. Aucun de nous n'a jamais osé faire le premier pas. Depuis ces quelques jours en Alsace, je n'ai plus eu de nouvelles. Pas un coup de téléphone. Nous ne nous sommes donc jamais expliqués et nous avons repris le cours de nos vies. L'une de mes sœurs le croise régulièrement, puisqu'ils habitent le même quartier, en Guadeloupe. Mais lorsque je me rends sur l'île, le voir n'est pas une priorité.

Cette situation m'a marqué. Je veux être proche de mes enfants, respectueux de leur vie, attentif à leur évolution. J'ai envie qu'ils grandissent avec mon épouse et moi-même à leurs côtés. Un jour, à l'école, un ami m'a terriblement mis mal à l'aise : « *Mes parents viennent me chercher.* » Cette phrase m'a taraudé; jamais je n'ai pu la prononcer. Moi, j'arrivais et je repartais tout seul; ma mère travaillait. J'aurais tant aimé renchérir, quitter l'établissement en compagnie de mes parents, main dans la main. Au moins une fois. L'image du père me manque, mais pas *mon* père. Je ne l'ai jamais côtoyé, je n'ai rien partagé avec lui. L'absence de ma mère, en revanche, me fait mal. Dans ma mémoire, elle est seule. Sans mon père.

III

UNE ENFANCE MODESTE

Les familles Piétrus et Coco – du côté maternel – n'ont jamais roulé sur l'or. Je n'oublie pas d'où je viens. Aujourd'hui, malgré les succès, les beaux contrats, les titres, j'ai toujours conscience de la valeur de l'argent. Je ne flambe pas, je ne m'exhibe pas. J'aime les fringues, je le reconnais, et les belles voitures, mon péché mignon. Mais je refuse de me vanter et d'impressionner. En tête, éternellement, me resteront ces quelques phrases de mamie Coco, chez qui nous avions tous emménagé après le décès de ma mère : « *Prends ces 100 francs et allez vous acheter des chaussures. Et n'oublie pas de ramener la monnaie.* » Gamin, on devait toujours faire attention. Le moindre centime était important.

Le choix était crucial. Cette paire devait durer plusieurs années. Avec Mike, nous filions faire les magasins de Sainte-Anne et nous nous arrêtions chez Bata, à la recherche de la perle rare. Au retour, il fallait rapporter le ticket de caisse et les pièces restantes. Sinon, nous nous prenions une belle correction. Chez nous, on ne plaisantait pas avec le gaspillage. Nous l'avions bien compris. Au moindre écart, si nous achetions des bonbons ou un jeu alors que nous n'y étions pas autorisés, mon grand-père nous en mettait une.

Nous ne vivions pas dans la pauvreté, mais dans un milieu très modeste. Il fallait constamment s'entraider. Mais nous formions une famille très unie. Au petit déjeuner, nous nous contentions de pain et de lait, pas de corn flakes ni de Nutella. Enfant, je n'en ai jamais goûté.

Les menus n'étaient pas très variés. Nous avions régulièrement droit à des fruits à pain – une sorte de patate douce guadeloupéenne –, qui poussaient dans un arbre juste à côté de la maison. Quasiment un jour sur deux, nous les retrouvions dans l'assiette. À midi, ils étaient cuits à l'eau salée dans une grande casserole et, le soir, en purée. À la longue, c'était dur. Ça a même fini par m'écœurer et je refusais, parfois, d'en manger.

Nous n'étions pas les seuls à déjeuner et dîner chez ma grand-mère. Tout le monde s'y donnait rendez-vous. C'était la cantine du quartier pour ses enfants, ses petits-enfants et les cousins. Elle prévoyait toujours de très grandes quantités.

De temps en temps, nous avions des ailes de dinde ou des cuisses de poulet au menu. La table se transformait alors en un champ de bataille pour les enfants. Le jeu consistait à récupérer l'os du grand-père. Une tradition antillaise. Autour de la moelle se glissait la sauce, délicieuse, cuisinée par mamie. Un régal. La stratégie était simple ; dès qu'il avait enlevé la viande, il ne fallait pas se louper : « *Papy, je peux avoir ton os ?* » Le plus rapide avait gagné.

L'achat de nouveaux vêtements se déroulait toujours à la même période : une fois par an, juste avant la rentrée des classes. Le reste du temps, nous nous repassions nos t-shirts et pantalons. La chaîne débutait par Hébert, l'aîné, et se clôturait, quelques années plus tard, avec Mike, le benjamin. Ça n'a jamais changé. Nous n'en étions pas contrariés, ça nous semblait normal. Nos tenues étaient bas de gamme, mais qu'importe. Ma grand-mère n'avait de toute façon pas les moyens de nous offrir davantage.

Aujourd'hui, il y a pourtant une chose que je refuse de porter, les Mika. Des chaussures en plastique, presque incassables, qui m'ont traumatisé. Chacun avait sa paire. On s'en servait pour tout et n'importe quoi : se balader, courir, faire du sport. La chaussure tout-terrain ! Elle ne ressemblait à rien. Lorsqu'il faisait chaud, je transpirais à l'intérieur et je n'arrêtais pas de glisser. Avec le temps, lorsqu'elle finissait par se détériorer, je coupais les brides des talons, et je les transformais en sandales.

Malgré tout, j'ai été gâté. Quelque temps après la mort de ma mère, une tante m'a donné ma première Game Boy. La grosse, de couleur grise, avec les boutons rouges et les cartouches à insérer par l'arrière. Avec Mike, nous devions la partager. J'en avais rêvé. Nous passions notre temps sur *Tétris*, le seul jeu de l'époque. Un peu plus tard, avec l'un de mes cousins, nous avons également reçu la Nintendo. Mais le cadeau magique, incroyable, nous a été offert par « ami Jean ».

Après notre déménagement chez mamie Coco, mon beau-père s'était installé dans une petite maison aux Abymes. Malgré la distance et le décès de maman, il continuait à nous rendre visite. Nous avions conservé des liens très forts. Chaque week-end, il débarquait avec ses deux enfants, Nahum et Malachie – les noms de deux prophètes de la Bible, il était très croyant –, que nous considérions comme nos frères. Être à nouveau tous réunis me remplissait de joie.

Quelques mois plus tôt, il nous avait déjà ramené des boules de pétanque en plastique. Mais ce jour-là, lorsqu'il est venu chez ma grand-mère pour Noël, le cadeau était bien plus imposant. Dans sa voiture, cinq vélos emballés dans des cartons, à monter soi-même. Je n'en revenais pas. À treize ans, j'allais avoir mon premier vélo. Jamais je ne l'avais imaginé. Un vélo, pour nous, c'était hors de prix. Jamais ma grand-mère n'aurait pu nous en acheter. Le cadeau du siècle ! Notre Ferrari à deux roues !

Le mien était violet, celui de Mike, gris. Mais nous avions un problème : le montage était raté. Surtout au niveau des pédales. Au final, à peine trois ou quatre vélos fonctionnaient. Régulièrement, nous devions changer les pièces. L'un de mes cousins, assez manuel, nous aidait dans ce bricolage approximatif. Puis nous partions pour de longues courses à Sainte-Anne. Nous frimions devant nos voisins. Nous étions si fiers. Le plus beau cadeau du monde !

Ce vélo m'a pourtant coûté une belle cicatrice. Un jour, je l'ai enfourché, seul, le temps d'une balade. J'ai voulu accélérer, j'ai glissé et je suis tombé sur des pierres. Je me suis entaillé le poignet gauche. Deux gros points noirs, bien visibles, me font chaque jour penser à cet épisode. Le soir, je n'osais pas rentrer chez ma grand-mère, sa réaction m'inquiétait. J'étais paniqué. Malgré les saignements, j'ai caché mon bras et la cicatrice pendant plusieurs jours. Finalement, elle s'en est aperçue, mais elle n'a rien dit. Heureusement.

En s'installant chez mamie Coco, à Sainte-Anne, nous avons tout laissé derrière nous. Notre maison, nos amis aussi. Mais nous n'avons pas été dépaysés. Des lits superposés nous attendaient à nouveau. Dix personnes vivaient sous le même toit : les quatre Piétrus, mes deux demi-frères Hébert et Jean-Philippe, mais aussi un cousin et une cousine. Huit gosses à élever. Mes grands-parents, Sylvie et Cirany Coco ont eu beaucoup de courage et je ne peux que les en remercier.

Grâce à ma grand-mère, nous avons évité le foyer d'accueil. Elle a refusé cette option proposée par une assistante sociale de la Ddass passée la voir peu de temps après le décès de maman. Mamie a beaucoup insisté, elle voulait s'occuper de nous, nous élever.

Pour mes dix ans, je ne rêvais ni de NBA, ni de l'équipe de France. Je ne m'y intéressais même pas. J'étais plutôt doué à l'école, mais le basket restait secondaire. Un simple loisir qui me procurait mes meilleures notes. Pourtant, mon grand frère Rony représentait déjà fièrement les couleurs de la Guadeloupe en métropole. À quatorze ans, alors qu'il vivait chez mamie, Jean-Pierre Cotellon, un agent guadeloupéen, l'avait repéré. Avec son mètre quatre-vingt-dix et son extraordinaire détente, il avait tapé dans l'œil du club de Pau-Orthez qui l'avait recruté pour jouer dans la catégorie « minimes ». Un an après son départ, il avait rejoint l'Insep, à Paris, le temple du sport français, avant de retourner en Béarn et de décrocher deux trophées nationaux avec les « espoirs ». Mais sa carrière n'a malheureusement jamais été à la hauteur de son talent. La faute à une rupture des ligaments croisés au genou droit, en février 1996, quelques mois avant le titre de champion de France de son club, alors qu'il venait de gagner sa place au sein de l'équipe première. À vingt-deux ans, il a été stoppé en pleine ascension et a quitté petit à petit le haut niveau pour devenir animateur auprès d'adolescents dans la région de Pau.

Ma discipline de prédilection, c'était l'athlétisme. De temps en temps, après les cours ou à l'Unss – Union nationale du sport scolaire –, je jouais au basket. Mais personne n'imaginait pour moi un départ en métropole ni l'arrivée dans un glorieux centre de formation.

Durant cette période, j'ai touché un peu au volley également, dans un stade, juste à côté de chez grand-mère. Dans cette enceinte, la pratique de nombreux autres sports était proposée : basket, hand, athlétisme et foot. Le foot n'était pas une découverte : plus jeune, lorsqu'on habitait près du Gosier, à Pliane, au début de la relation entre mon beau-père et ma mère, nous partions avec mes frères, un ballon au pied, dans les grandes savanes avoisinantes.

Les plaisirs de notre enfance étaient très simples. Gamins, lorsque ma mère était encore en vie, nous nous étions perfectionnés au jeu de billes. Nous nous installions devant la maison, nous les mettions en triangle et nous nous positionnions un peu plus loin. Avec l'aide d'un calot, nous les visions et celles qui sortaient de la zone de jeu, nous les gardions, nous les avions gagnées.

Avec Mike, je m'étais pris d'affection pour Tom Sawyer, le héros de mon dessin animé préféré. J'imitais le personnage et m'imprégnais de sa vie fictive. Comme lui, je n'étais pas un grand fan de l'école ; mon petit frère non plus. Nous passions de longues journées à l'extérieur, dans les plaines et les forêts. Chaque soir, en rentrant, nous ramenions des mangues. Ma mère nous laissait beaucoup de liberté. Elle ne s'inquiétait pas. Elle connaissait nos trajets.

Dans les arbres, nous avions construit des petites cabanes et installé une balançoire avec l'aide de deux cordes et d'une planche. Le système D. Nous avions même fabriqué des lance-pierres. Ainsi passait le temps, très agréable.

Nous n'avons jamais quitté la Guadeloupe, même durant les périodes de congés scolaires. Les vacances se ressemblaient : passer les journées au bord de la mer, admirer les chutes d'eau, cueillir les fruits, s'amuser avec nos amis.

J'adorais traîner. Tous les matins, alors que les cours débutaient à 8 heures, je partais à pied de la maison avec Mike vers 7 heures pour rejoindre l'école primaire au Gosier. Normalement, le trajet ne devait pas dépasser vingt à vingt-cinq minutes. Le notre durait toujours trois quarts d'heure.

Ma mère n'avait pas les moyens de nous payer le bus scolaire, mais ça ne nous dérangeait pas. Marcher, faire les imbéciles en chemin, nous plaisait. Nous prenions notre temps. Au retour, nous avions notre rituel : l'arrêt dans une épicerie située sur le trajet. La gérante nous donnait à chaque fois des bonbons.

Nous nous occupions également des animaux de la maison. Ou plutôt, du jardin. Plusieurs cousins et copains possédaient leurs propres vaches et même des pigeons. Nous, nous avions chacun notre cabri mais aussi des poules. Un cadeau de ma mère. Cinq ou six chèvres gambadaient aussi. Chaque matin, nous les conduisions au bout d'une corde dans la prairie et le soir, nous les ramenions dans leur enclos. Nous en prenions grand soin. Nous récupérions également les œufs du poulailler et nous engraissions les cabris en prévision du repas de Noël. En décembre, nous tirions au sort celui qui passerait à la casserole.

Plus tard, chez ma grand-mère, tout fut différent. Terminées nos balades dominicales dans les champs, la messe était obligatoire. Une nouveauté pour nous. Ma mère, contrairement à mon beau-père, n'y allait jamais. Mamie se rendait déjà au premier service, dès 6 heures. Puis, elle venait nous chercher pour celui de 11 heures. Le rendez-vous à ne pas manquer. Sa sortie de la semaine. Personne ne pouvait y échapper. Aucune excuse n'était acceptée. Parfois, nous traînions, nous prétextions des achats, mais rien n'y faisait.

Un code vestimentaire nous était imposé. Rien à voir avec celui déjà adopté pour nous rendre au collège chaque matin. Un beau pantalon et une chemise n'étaient pas suffisants. Le dimanche était un jour à part, un *dress code* devait être respecté : chemise blanche, veste noire, nœud papillon, pantalon à pinces qui grattait, chaussures trop serrées. Le jean était banni. Une horreur. Je détestais ce moment. Mais ma grand-mère ne prenait pas cette matinée à la légère. Si elle avait été conviée au mariage de Barack Obama, elle n'aurait pas fait mieux.

Elle portait un grand chapeau, une longue robe, des chaînes et boucles d'oreilles en or. Ses bijoux étaient de sortie. Tout le monde se ressemblait. Le dimanche était sacré.

Le mercredi après-midi également. Ma grand-mère nous avait inscrits, Mike, mes sœurs et moi, au catéchisme. Pendant près d'une heure et demie, nous devions nous rendre à l'église, avec le prêtre qui nous apprenait la Bible afin de nous préparer à notre première communion. Ma mère ayant été longtemps malade, personne ne l'avait encore faite. Ma grand-mère s'en est donc chargée, j'avais douze ans, j'ai porté une aube blanche et tenu une bougie durant toute la cérémonie.

À côté de la maison Coco, un incroyable voisin s'était installé, MacGyver. Le surnom que nous lui avions attribué. Tout le monde l'adorait et l'admirait. Même ma grand-mère lui vouait une entière confiance. Cet homme blanc, âgé d'une trentaine d'années, venait de quitter la métropole. Rapidement, il est devenu la star de notre quartier à Sainte-Anne. Au moindre souci mécanique ou électronique, il rappliquait. Il pouvait tout réparer. Personne ne se privait de l'appeler. Surtout, il parlait créole.

Moi, je l'adorais. Durant la journée, il vendait des beignets au bord des plages. Chaque soir, il m'en ramenait. Je me souviens des goûts : chocolat, banane, pomme. Rapidement, il a fait partie de la famille.

Un jour, j'avais douze ans, il nous a emmenés, Mike et moi, sur son Zodiac pour une balade en mer. Je ne m'étais jamais autant éloigné de la côte. Habituellement, nous nous contentions de nous installer sur les récifs, face à la plage, pour pêcher.

J'ai décidé de plonger, oubliant que je ne savais pas nager. Alors que je ne touchais pas le fond, je me suis mis à boire la tasse. Je coulais. Le Zodiac pointait à une cinquantaine de mètres. J'étais perdu, je ne pouvais plus respirer. J'allais mourir. Immédiatement, MacGyver a plongé. Il m'a attrapé, m'a mis sur son dos et m'a ramené sur le bateau. Un épisode d'*Alerte à Malibu*, mais sans Pamela Anderson !

Il ne voulait surtout pas que je raconte l'histoire à ma grand-mère. Il était très inquiet et gêné. Mamie lui avait confié ses deux petits-fils sans poser la moindre question et moi, j'aurais pu périr durant cette journée. L'aventure m'a traumatisé. Je ne l'ai pas oubliée. Aujourd'hui encore, lorsque je vais à la plage, je ne m'éloigne pas du bord. J'ai retenu la leçon. J'ai peur lorsque je ne touche pas le fond. Je panique. Même à la piscine, je ne suis pas à l'aise lorsque je n'ai pas pied. L'eau, depuis cet épisode, n'est d'évidence pas mon élément. Mais personne n'a jamais eu vent de ce récit…

IV

UNE ÉDUCATION TRÈS STRICTE

L'école n'a jamais été ma tasse de thé. Au collège, ma grand-mère veillait. Constamment, elle était sur mon dos. Elle connaissait nos horaires. Cinq minutes après la fin des cours, je devais impérativement être à la maison. Sinon, elle débarquait. Elle savait exactement où je pouvais traîner : au stade de Sainte-Anne. Notre quartier général, avec Mickaël.

Plusieurs fois, nous l'avons vue arriver alors que nous jouions avec nos amis, sur le terrain de basket. La honte ! Parfois, elle déléguait. Elle missionnait nos cousins et cousines. « *Mamie veut que vous rentriez tout de suite* », nous disaient-ils.

Qu'importe. Même si nous connaissions la sentence, nous restions le plus longtemps possible. Tant pis pour la punition.

J'ai séché quelques cours pour jouer au ballon ou pour me balader avec mes camarades. Mais au collège, aucun problème de discipline, j'ai toujours été d'un naturel plutôt calme et discret. Certes, je n'étais pas l'élève le plus brillant, mais je m'en sortais toujours. Je n'ai redoublé qu'une seule classe : le CM2. Je bénéficiais de circonstances atténuantes. La maladie de ma mère s'aggravait et l'école paraissait secondaire. Maman était partie vivre chez ma grand-mère et je préférais les billes aux devoirs du soir.

En classe, en dehors du sport, je me débrouillais bien en physique et en mathématiques. J'ai toujours apprécié les chiffres et les matières scientifiques. En revanche, l'histoire, je détestais. Les Égyptiens, la Révolution ou la Seconde Guerre mondiale, je n'ai jamais pu m'y accoutumer. Il y a trop de dates, de personnages, d'éléments à retenir. Mais la géographie me plaisait, tout comme les langues vivantes. J'ai débuté par l'anglais avant de me lancer dans l'espagnol en classe de quatrième. D'une manière générale, j'essayais toujours d'obtenir la moyenne. Une exigence de ma grand-mère. Je n'allais pas plus loin.

En début d'année, lorsqu'on demandait aux élèves le métier qu'ils souhaitaient exercer, je répondais la même chose que tout le monde : docteur. Tous les gosses rêvaient d'être médecin. Pour nous, cette profession était synonyme de réussite sociale, de fierté et de respect de la part de la famille et du village. La classe !

Ma grand-mère était très exigeante, intransigeante même, et elle n'aurait pas laissé passer le moindre écart. Elle dirigeait et éduquait ses petits-enfants d'une main de fer, avec mon grand-père. Lui, c'était le plus ferme des deux. Emporté par un cancer du poumon il y a une dizaine d'années, il incarnait l'autorité d'un autre âge.

Il prenait rarement le temps de chercher sa ceinture ou un martinet, il attrapait tout ce qui lui tombait sous la main dès lors qu'il estimait cela nécessaire. Parfois, il n'utilisait que ses mains, très dures. La douleur était encore plus vive qu'avec un bâton. Mon grand-père était un manuel, un menuisier. Il avait construit lui-même sa maison et ses paumes étaient très calleuses. Mais nous n'avons jamais été frappés au visage.

Dès que l'on se plaignait, la sentence tombait. Si l'on refusait de lui obéir, *idem*. Surtout ne jamais dire non. Avec lui, le dialogue était impossible. Il devait toujours avoir raison. Acquiescer était la seule option.

Si nous prenions notre temps, Mike et moi, pour rentrer, une fessée nous attendait. Même pour deux minutes de retard. Nous avons appris à sprinter. Un jour, il nous a demandé d'aller lui chercher des cigarettes. Il en fumait vingt-cinq par jour. Il n'arrêtait pas. Des Craven, je me rappellerai toujours de cette marque. Nous avions intérêt à nous grouiller et à courir jusqu'à l'épicerie voisine lorsqu'il en manquait. Il les attendait avec beaucoup d'impatience. Une fois, sur le chemin du retour, nous avons tardé. Nous nous en sommes souvenu.

La punition nous paraissait disproportionnée, mais il était l'homme de la maison. Il remplaçait nos parents et vivait avec les valeurs d'une époque révolue, d'une autre génération, et des manières différentes d'éduquer les enfants.

Il dormait avec deux fusils de chasse sous son lit. Je l'ai découvert par hasard car rentrer dans la chambre des grands-parents nous était interdit. Un endroit, pour eux, très privé, sacré. Mais un jour, il m'a donné la permission d'y pénétrer pour lui ramener quelque chose. Je me suis baissé et j'ai aperçu ses armes.

Dès la mort de ma mère, ma grand-mère a tenu à nous préserver et à nous maintenir dans le droit chemin. Je ne peux que l'en remercier. Elle nous a élevés comme ses propres enfants alors que rien ne l'y obligeait. Elle aurait pu nous laisser dans une famille d'accueil et vivre tranquillement avec mon grand-père. Malgré toutes les règles qu'elle a dictées, je l'ai toujours adorée. Parfois, après les coups, nous rigolions avec Mike. Nous avions fini par prendre ces punitions comme des jeux. Nous supportions les fessées en pensant aux bons moments que nous venions de passer. Nos retards étaient programmés, voulus. La contrepartie acceptée.

Mamie n'avait qu'une crainte : que nous tournions mal, que nous sombrions dans la délinquance. Que la drogue nous emporte dans ses méandres. En Guadeloupe, cela peut arriver rapidement. Plusieurs connaissances qui dealaient du shit ont été arrêtées. Moi, je n'ai jamais goûté à toutes ces merdes, certainement grâce à la bienveillance et aux règles de grand-mère.

Le week-end, nous étions tous de corvée de ménage. Chacun avait une tâche à effectuer. Mes sœurs s'occupaient du salon et de la cuisine, Mike, de la terrasse, et moi, de la salle de bains. Il fallait nettoyer les toilettes, la douche, les vitres, le carrelage et passer la serpillière. Toutes les semaines, rebelote. Sur le moment, c'était pénible. Mais après, nous étions libres. Dès que la maison était propre, nous pouvions partir.

Vers l'âge de douze ans, j'ai commencé à travailler pour me payer des friandises et des glaces – surtout des *Floup*, les *Mister Freeze* locaux, plus compactes, dont nous raffolions –, acheter de nouvelles pièces pour réparer mon vélo, une lumière, par exemple. Pour obtenir un peu d'argent, je me rendais chez Tito, le gérant de l'épicerie voisine, le soir après l'école et durant les vacances. Il nous a beaucoup aidés, Mike et moi. Tito était très occupé par la gestion de son commerce, il ne pouvait pas se déplacer à sa guise, ni faire son tiercé…

À sa demande, nous filions au centre-ville miser sur les chevaux de son choix. Pour vingt minutes de marche le long de la plage, nous encaissions une pièce de 10 francs. Notre premier argent de poche. Dès qu'il avait besoin d'un truc, il nous appelait. De notre côté, nous franchissions sans cesse la porte de sa boutique pour lui proposer nos services. Nous pouvions même nous servir, gratuitement, dans les rayons.

Par la suite, j'ai effectué d'autres petits boulots rémunérés. Pendant les congés scolaires, je lavais la voiture de ma tante, j'allais également couper l'herbe du jardin des voisins sous un soleil de plomb. Ils n'avaient pas de tondeuse, il fallait prendre la machette ! C'était dur, mais l'argent de poche me motivait. Et puisqu'on ne quittait pas l'île durant les congés, ça m'occupait.

Nous nous donnions rendez-vous, avec les amis, dans un bar non loin de la maison. Nous y jouions au flipper, aux fléchettes et au baby-foot. Il y avait également plusieurs jeux d'arcade, dont *Street Fighter*, le jeu vidéo à la mode. Aucune fille ne traînait avec nous. En Guadeloupe, je n'ai jamais flirté. Pas même un bisou. J'ai dû attendre mes seize ans et mon arrivée en métropole avant d'embrasser une fille pour la première fois.

Non seulement je n'y pensais pas, mais, avec la surveillance permanente de ma grand-mère, la mission paraissait impossible. À quel endroit aurais-je pu embrasser ma copine ? Derrière la maison, en cachette ? J'aurais eu bien trop peur. À l'école ? J'étais trop timide. Le problème était réglé.

À quatorze ou quinze ans, les seules adolescentes de mon âge que je fréquentais jouaient au basket. Selon les semaines, elles s'entraînaient juste avant ou après nous. Je les trouvais très jolies, mais je ne les intéressais pas. Mike et moi étions invisibles à leurs yeux. Elles préféraient les hommes plus âgés…

En revanche, quelques années plus tard, je les ai quasiment toutes recroisées. Je venais de signer mon premier contrat professionnel et je rejoignais pour quelques semaines ma famille et mes amis. Leur regard avait changé. J'ai passé l'été à me faire draguer. La folie. Mais j'ai refusé toutes leurs avances. Pire, je les chambrais : « *Tu ne me regardais pas avant, alors que je n'étais rien. Maintenant, tu espères quelque chose ? Tu rêves ! Moi non plus, je ne te calcule pas !* »

J'étais assez rancunier, mais c'était de bonne guerre. Avec Mike, nous prenions un malin plaisir à leur rappeler leur comportement de l'époque. Comme quoi, la célébrité, ça change vraiment tout…

V

PREMIERS PANIERS

Être vexé a tout changé. Au départ, le basket n'était qu'un simple loisir. Pour passer le temps, le soir et le week-end. Tout a basculé à l'âge de douze ans grâce à ma tante. Nous étions assis, Mike et moi, sur l'escalier devant la maison de ma grand-mère. Nous faisions la tête. Mamie ne nous avait pas autorisés à jouer au basket alors que des amis nous attendaient au stade. D'une voix teintée de reproches, ma tante nous a blessés : « *De toute façon, vous jouez trop au basket. Vous ne gagnerez jamais votre vie avec ce sport.* »

J'étais très remonté. Inconsciemment, cela a été un déclencheur. Le point de départ de mon envol pour la métropole, trois ans plus tard.

Mes grands-parents étaient, certes, très stricts mais ils ne nous ont jamais empêchés de jouer, de prendre un ballon et de nous amuser sur le terrain. À condition de respecter les règles et les horaires imposés. Elle n'est jamais venue me voir, ni durant mon enfance, ni plus tard, mais mamie nous donnait la permission d'aller au stade chaque soir entre 17 heures et 17 heures 30. En réalité, il valait mieux rentrer cinq minutes plus tôt pour éviter les remontrances. Mais nous nous en moquions. Parfois, nous restions jusqu'à 18 heures sur le bitume. Malgré les corrections, nous voulions jouer. Encore et encore.

Il y a quelques temps, j'ai croisé le gardien du stade de Sainte-Anne, qui m'a fait rire en me rappelant nos longues escapades.

« *Je t'empêchais, le soir et le dimanche, d'escalader les grilles pour venir jouer* », m'a-t-il raconté.

Il a bien fait! Sans ses interventions, nos retards auraient été plus fréquents, nos punitions également. Mais ce moment, nous l'attendions toute la journée. Lorsqu'il n'était pas dans les parages, je grimpais sur les grilles pour jouer avec Mike et Cédric, mon cousin, qui vivait aussi chez ma grand-mère.

À plusieurs reprises, on nous a sortis du stade. Aussi avons-nous décidé de construire notre propre panier de basket sur le grillage d'un terrain de tennis, juste à côté de la maison. Grand-mère pouvait nous voir d'une fenêtre et nous surveiller. C'était l'idéal. Pour la fabrication, rien de plus simple : nous avons utilisé l'axe métallique d'une roue de vélo, nous lui avons ôté les rayons, puis nous l'avons accroché sur le grillage. Un bricolage de fortune, mais suffisant à notre bonheur. Le panier n'était certainement pas à la bonne hauteur, il n'y avait pas de lignes de touche ni de délimitation du terrain, qu'importe. Nous avons volé un filet sur l'un des paniers du stade, pour le rendre plus attractif. Tout le monde venait jouer.

Nous avons passé de longues heures à trois contre trois, deux contre deux, ou Mike face à moi. Sur ce panier, j'ai appris à smasher en m'agrippant, d'abord au grillage, pour toucher l'arceau du bout des doigts. Durant des années, il a survécu aux tempêtes et aux pluies tropicales. Malgré la rouille, il tenait bon. Jusqu'à la destruction, très récemment, du terrain de tennis pour construire des habitations...

La première fois que nous avons joué au basket, à sept ou huit ans, ce n'était pas avec un ballon approprié – nous n'avions pas les moyens de nous en acheter un vrai –, mais avec une balle de tennis.

À l'école, lors de l'activité basket, Mike et moi étions les meilleurs. C'était une histoire de famille chez nous. Mes sœurs, cousins, cousines, tout le monde y jouait. Mais je ne connaissais qu'un seul basketteur professionnel : mon grand frère, Rony Coco. À mes yeux, il était la personne la plus célèbre de Guadeloupe. Surtout après son titre de champion de France, avec Pau-Orthez, en 1996, quelques années après avoir quitté l'île pour le centre de formation palois. Les autres grands noms du basket antillais m'étaient inconnus. Ceux de Jacques Cachemire, Patrick Cham ou Jim Bilba ne me parlaient pas.

Sans Rony, je n'aurais certainement pas persévéré dans ce sport, ni réalisé cette carrière. À l'époque, nous ne nous intéressions pas au basket, ni à son histoire, ni aux règles. Nous nous contentions de jouer. J'ai visionné mes premiers matchs sur France Télévisions, lorsque ce sport était encore diffusé sur le service public. Les finales du championnat de France passaient en intégralité et nous n'en manquions pas une miette. En dehors de Rony Coco, je n'avais retenu qu'un seul nom : Fred Fauthoux. À plusieurs reprises, le commentateur parlait de ce petit meneur de jeu de Pau-Orthez. Quelques années plus tard, j'allais faire sa connaissance…

Rony était une véritable star chez nous. Toute la Guadeloupe le connaissait. À la fin de la saison, l'été, lorsqu'il rentrait à la maison, un comité d'accueil se mobilisait et l'acclamait : « *Rony Coco est de retour !* »

L'enfant prodigue revenait parmi nous. Il était envié, adulé et admiré.

Pour nous, jouer en France était le rêve par excellence. À l'image de ce que représente aujourd'hui la NBA. Rony symbolisait cette réussite. Il était la fierté de Sainte-Anne. Lorsqu'il revenait en Guadeloupe, il nous ramenait des tonnes de cadeaux. Nous l'attendions impatiemment. J'étais émerveillé. Ses vêtements me faisaient rêver. De la tête au pied, Nike, le sponsor du club.

Grâce à lui, nous nous sommes mis à fantasmer. À nous entraîner plus sérieusement. Pour mes treize ans, il m'a offert de nouvelles chaussures, blanc et bleu. Des Nike, forcément, mes premières véritables chaussures de basket. Mais ce n'est pas tout. J'ai eu droit à l'équipement complet, avec notamment mon premier survêtement, entièrement vert, et siglé « *Élan béarnais Pau-Orthez* ». J'étais fier. Très fier. J'ai fait des jaloux auprès de mes amis. Pau-Orthez était l'équipe à la mode, surtout avec mon frère dans l'effectif.

Dans ses bagages, Rony n'avait pas oublié un ballon en cuir. Un cadeau magnifique. Nos camarades, éberlués, auraient pu nous tuer pour un tel ballon !

Nous énervions tout le monde sur le terrain. Nous étions encore jeunes, mais nous aimions nous frotter à des joueurs plus âgés. Physiquement, ils nous dominaient et nous perdions régulièrement. Notre mauvais caractère n'est pas une légende. Nous l'avons savamment prouvé dès notre adolescence. De rage, nous prenions alors la balle sous le bras et rentrions à la maison, abandonnant les autres. Sans nous, plus de partie !

Notre passion pour Michael Jordan n'a pas tardé à prendre de l'ampleur. Le vendredi soir, aux alentours de 20 h 30, nous nous levions, en douce, pendant que ma grand-mère dormait. Canal 10 diffusait les matchs des Chicago Bulls. Pour ne pas réveiller les grands-parents, nous coupions le son de la télé. Normalement, la nuit tombée, nous n'avions pas le droit de sortir de notre chambre.

Chaque semaine, nous retrouvions toujours la même équipe à la télé. Avec Mike, au fur et à mesure, nous sommes devenus complètement fans des Bulls qui collectionnaient les titres et, bien sûr, de ce phénomène, Michael Jordan. Un génie. Nous ne connaissions aucun autre joueur. Seul Jordan nous intéressait. Lui, son jeu, son shoot… et ses chaussures. Enfin, surtout Mike. Au lieu de suivre le score et le match à la télé, il scrutait les chaussures de notre idole. Depuis qu'un de nos amis, Mehdi, avait reçu les nouvelles Air Jordan, la marque du meilleur joueur de tous les temps, Mike l'enviait. Il rêvait d'en posséder une paire. Moi aussi…

À treize ans, je me suis inscrit avec Mike à la Juventus de Sainte-Anne. Le club qui occupait le gymnase du stade que nous fréquentions. Après les rencontres dans la rue, sur le *playground*, j'avais envie de m'entraîner, de me frotter à d'autres adversaires, et de participer à de vraies compétitions, chaque week-end.

J'aurais pu également rejoindre la section volley. Ces types-là m'impressionnaient. Leur détente était phénoménale. Avant chaque entraînement à la Juventus, ils occupaient notre terrain et je les observais. Leur filet était installé sur deux barres métalliques fixées dans le sol, au milieu de notre parquet. Un jour, l'un de nos joueurs a bouché ces deux trous avec du ciment. Impossible alors pour les volleyeurs de s'entraîner. Ils ont été obligés de s'exiler un peu plus loin et nous avons gagné plusieurs créneaux horaires. Le but recherché, j'imagine !

Durant cette première année, nous avons joué ensemble dans la catégorie « minimes ». Nous nous débrouillions plutôt bien. Rapidement, je me suis même entraîné avec l'équipe « senior » du club. Je mesurais déjà un mètre quatre-vingt-dix et mes qualités athlétiques avaient séduit mes coachs. Progresser était indispensable, surtout pour continuer de jouer avec mes aînés. En cas de mauvaise performance, on me le faisait comprendre et je devais quitter le terrain. Sans compter que tout le monde voulait s'entraîner sur le même côté. L'autre panier, à l'opposé, n'était pas aux normes. Il était trop haut. Une habitude aux Antilles. Pour rester sur le parquet, je n'avais donc pas le choix : je devais m'améliorer.

Lorsque je n'étais pas sur le terrain, je les regardais attentivement, j'étudiais leur jeu. L'un d'entre eux m'impressionnait, Christophe, un gaucher, puissant. Personne n'arrivait à rivaliser avec lui. Un tueur. Notre Michael Jordan guadeloupéen.

Notre basket était vraiment désorganisé. Je n'occupais aucun poste précis. Il y avait cependant un principe à respecter : les joueurs noirs devaient tous savoir smasher et les blancs shooter. Cela peut sembler un cliché, mais c'est la réalité ! Génération après génération, rien n'a changé. Une règle d'or, une obligation pour les basketteurs de l'île. En Guadeloupe, avant d'apprendre à tirer au panier, on doit maîtriser l'art du dunk. De toute façon, les plus jeunes n'ont pas le choix : si tu n'es pas capable de t'accrocher à l'arceau, les autres joueurs ne t'accepteront pas sur le terrain.

Mon premier dunk, je l'ai réalisé à treize ans. J'étais un spécialiste. Mike et moi, nous smashions sur la tête de tous nos adversaires. Nous nous moquions, nous vannions, nous chambrions. Dès qu'un joueur se prenait un dunk alors qu'il était en défense sur l'attaquant, il devait s'arrêter de jouer. Une craie l'attendait sous le panier, juste derrière la ligne. Il devait inscrire son nom, son prénom, la date et signer. La honte !

Avec nos amis, nous nous défions sans arrêt. Dès que l'on arrivait sur le terrain, les paris débutaient. « *Ti Coco ba mwen on sèch* » : voilà la phrase, en créole, que nous sortaient toujours nos camarades. Ils voulaient affronter les « Ti Coco » – notre surnom, on ne nous appelait jamais « les Piétrus » –, et tester notre détente. On mettait nos mains dans la boue puis on sautait, pieds joints, pour toucher la planche du panier.

Nous nous entraînions deux fois par semaine, sans rater la moindre séance. C'était de plus en plus intensif. Le week-end, lorsqu'il n'y n'avait pas de matchs, ou le soir durant la semaine, nous revenions dans la salle pour des rencontres à trois contre trois. Nous n'étions pas les seuls. À chaque fois, plusieurs équipes patientaient au bord du terrain et attendaient leur tour. Les perdants devaient céder leur place et pouvaient ensuite poireauter plusieurs heures avant de rejouer.

Un jour, en fin d'après-midi, mon coach à la Juventus, Jean, m'a emmené au Creps – Centre régional d'éducation populaire et de sport – des Abymes, pour m'entraîner avec les meilleurs joueurs de l'île de mon âge, rassemblés au Pôle espoirs de la Guadeloupe. Après trois quarts d'heure de route, en voiture, il m'a donné une dernière consigne, d'apparence très claire : « *Lorsque l'entraînement est terminé, tu demandes à l'entraîneur du Creps de m'appeler et je viendrai te chercher pour te ramener chez ta grand-mère.* »

À l'époque, je n'avais pas de téléphone portable. Pour rentrer chez moi, je devais donc suivre la consigne de Jean. Mais lorsque l'entraînement fut terminé, je n'ai pas osé m'approcher de ce coach que je ne connaissais pas, j'étais trop timide, gêné. J'ai donc opté pour une autre solution : aller à pied jusqu'à l'aéroport de Pointe-à-Pitre, le lieu de travail de Jean.

Après trente minutes de marche, l'horloge de l'aéroport indiquait 20 heures passées. Impossible de mettre la main sur mon entraîneur. Dès mon arrivée, j'ai pourtant interrogé la dame installée à l'accueil de la compagnie aérienne pour laquelle il travaillait. Surprise, cette dernière me laissa un espoir : « *Il va revenir.* »

Je me suis donc posé sur un siège, à quelques mètres, et j'ai attendu. En vain.

L'aéroport a finalement fermé. La nuit est tombée. Je n'étais pas douché, je portais toujours ma tenue d'entraînement, avec mon short et mon t-shirt. Je me suis mis en boule, sur un banc métallique, et j'ai utilisé mon sac à dos comme oreiller. J'avais peur. J'angoissais. Recroquevillé, chaque bruit me terrifiait. Seules les personnes en charge de la maintenance du bâtiment déambulaient mais ne s'approchaient pas de moi. Je n'ai pas dormi. J'avais le ventre vide et pas le moindre centime en poche.

Ni Jean ni ma grand-mère n'ont paniqué. Mamie s'imaginait certainement que j'étais resté dormir chez mon coach après l'entraînement. De son côté, Jean ne s'est pas inquiété. Sans appel de ma part, il pensait que j'avais trouvé un autre moyen pour rentrer à Sainte-Anne.

À 7 heures, le lendemain matin, il est arrivé, serein, sur son lieu de travail. Il m'a aperçu, allongé sur le banc. Surpris, puis paniqué : « *Mais qu'est-ce que tu fous là ? Pourquoi tu ne m'as pas appelé ? C'est dangereux, il aurait pu t'arriver quelque chose de grave !* »

Il s'en voulait car j'étais sous sa responsabilité. Immédiatement, il m'a installé dans sa voiture et m'a ramené devant la maison de ma grand-mère. Je n'ai pas bronché. Pas pipé mot. J'ai eu droit à une belle leçon de morale sur tout le trajet. Une fois rentré, je me suis tu. Mamie ne m'a pas posé de questions et elle n'a jamais connu cette histoire. J'avais trop honte pour la raconter.

J'avais quinze ans lorsque, avec ces mêmes joueurs du Creps et les meilleurs jeunes de Guyane et de Martinique, je suis parti durant l'hiver en métropole pour cinq ou six jours. Nous étions invités pour disputer un tournoi inter-régions en Ile-de-France. Sportivement, ça s'est très mal passé. Nous avons enchaîné les taules. Je n'étais pas surdoué mais j'essayais de faire la différence grâce à mes qualités athlétiques. Physiquement, nous dominions nos adversaires, le spectacle était au rendez-vous, mais techniquement, nous étions à la rue. Nous n'étions pas prêts pour de telles rencontres.

Mais c'est le voyage que je retiens. Pour la première fois de ma vie, je prenais l'avion. À l'époque, je ne connaissais rien de la France, pas même la tour Eiffel. Dans notre esprit, nous rendre à Paris, c'était l'Eldorado. Je m'en suis longuement vanté auprès de mes amis. Les avions, nous les observions dans le ciel, tous les jours, de loin. Mais nous n'étions jamais montés dedans…

Quelques mois plus tard, j'allais revivre l'expérience avec toujours le même enthousiasme. Mais je n'allais pas rentrer de sitôt.

VI

LE GRAND DÉPART

« *Cet été, tu quittes la Guadeloupe et tu viens à Pau, au centre de formation !* »

Lorsque Rony m'apprend cette nouvelle en juillet 1996, je suis très heureux, forcément, mais aussi très surpris. Je ne m'y attendais pas.

Au bord du terrain, alors que je jouais avec mes amis, mon grand frère m'annonça donc que j'allais abandonner quelques jours plus tard mon île, ma grand-mère, Mike et toute ma famille. J'étais au courant de cette possibilité, mais personne ne m'avait tenu informé de l'avancement du dossier. Jusqu'à ce jour précis.

Depuis quelques mois, tout s'était organisé un peu derrière mon dos grâce à Rony et à son agent de l'époque, Jean-Pierre Cotellon, qui s'occupait également des intérêts de Jim Bilba – il l'avait repéré avant de l'accueillir à Cholet, quelques années plus tôt. Rony, alors joueur de Pau-Orthez, lui avait parlé de ses deux jeunes frères : « *Ils sont très doués. Serait-il possible de les faire venir à Pau ? Qu'en penses-tu ?* »

Cotellon possédait une maison à Sainte-Anne et une autre à Pau. Il se partageait ainsi entre Guadeloupe et métropole. Régulièrement, il assistait à nos rencontres. Il avait donc pu facilement juger nos progrès et notre talent. Selon lui, nous possédions de réels atouts physiques. À la demande de Rony, il s'est donc adressé aux dirigeants du club de Pau-Orthez : Claude Bergeaud, le responsable du centre de formation, et Pierre Seillant, le président, qui était également son ami. Bingo !

Tous les trois sont rapidement tombés d'accord. Ensuite, Jean-Pierre et Rony ont discuté avec ma grand-mère, qui a accepté mon départ. Mais personne ne m'a demandé mon avis. En-dehors de l'agent de mon frère, je n'ai rencontré aucun membre du staff de Pau-Orthez. Aucun superviseur ou recruteur n'est passé à Sainte-Anne. Je n'ai effectué aucune séance de détection. Le club a entièrement fait confiance à Rony et Jean-Pierre.

J'ai immédiatement annoncé la nouvelle à mes amis. J'allais réaliser le rêve de tous les gamins : quitter la Guadeloupe pour jouer en France. Quelque chose d'énorme. D'un coup, aux yeux de tous, je prenais de l'importance. Mais il y avait un problème : je devais partir tout seul. Pau-Orthez souhaitait également la venue de Mike, mais Rony a retardé son arrivée : « *Mike, tu viendras l'année prochaine si, et seulement si, tu obtiens ton Bepc.* »

J'étais un peu triste pour lui, mais confiant. Je savais qu'il allait décrocher ce diplôme et qu'un an plus tard nous serions à nouveau réunis.

Le 26 août, ma grand-mère, ma tante et Mike m'ont accompagné jusqu'à l'aéroport. Tout le monde a pleuré. Pour moi, ce furent des larmes de joie. J'étais impatient ! Je m'imaginais déjà à la place de Rony, lors de mon retour l'été suivant. Je serais la nouvelle star du quartier, avec plein d'histoires à raconter et de souvenirs à ramener.

J'ai décollé et l'aventure a commencé.

Deuxième partie

Une carrière en haute altitude

I

LA SOLITUDE

Ma place sur le terrain du club de Pau-Orthez, je l'ai gagnée avec un pantalon long en velours marron, taillé par ma grand-mère. Je n'avais pas de short de basket. La découpe artisanale et la couleur n'étaient ni de mon âge, ni très seyantes. À l'image du contenu de ma valise : je suis parti en métropole avec trois fois rien.

Quelques jours après mon arrivée, un matin, vers 10 heures, j'ai dû passer un test, tout seul, devant Claude Bergeaud et plusieurs responsables du club. Jean-Pierre Cotellon était également présent. J'avais très peur. Je ne savais pas ce qui m'attendait. J'étais extrêmement timide, cela n'arrangeait rien. Ma technique m'inquiétait. Je maîtrisais le dunk, mais j'étais incapable de réaliser un double-pas correctement, à droite comme à gauche. En Guadeloupe, je n'avais jamais appris les fondamentaux, connus habituellement par tous les jeunes basketteurs. Les différentes techniques de shoot et les appuis me paraissaient très abstraits. Finalement, le stress m'a galvanisé. Cette première séance s'est bien déroulée.

Pendant une heure, j'ai enchaîné de multiples exercices : dribbles, double-pas, tirs. Avec une consigne : ne pas « dunker ». Ils voulaient tester mes bases. J'étais extrêmement déterminé. Hors de question d'être renvoyé en Guadeloupe. L'échec n'était pas permis. Je ne me le serais pas pardonné. Au milieu de ce Palais des sports et de ses 8 000 sièges vides, je voulais réussir. Ma motivation était intense. Je n'avais qu'un seul but : m'imposer en métropole.

Dès mon arrivée, Jean-Pierre Cotellon m'a pris en charge. Mon grand frère, Rony, ne pouvait être présent puisqu'il venait de signer avec le club de Montpellier. Jean-Pierre m'a donc accueilli à l'aéroport, m'a prêté des vêtements, puis m'a logé chez lui pendant plusieurs jours avant que je ne m'installe dans la Maison des espoirs, un établissement du club accueillant une dizaine de jeunes joueurs, tous mineurs.

En découvrant, le premier jour, la demeure de Jean-Pierre, à proximité de Pau, je suis tombé des nues. Éberlué. Ébahi. Jamais je n'avais vu une telle propriété, si impressionnante. Elle était magnifique, avec plusieurs étages, une piscine et un terrain de basket à l'extérieur.

Je ne débarquais pas complètement en terre inconnue. Son fils, Francis, un jeune joueur de Pau-Orthez, du même âge que moi, passait toutes ses vacances en Guadeloupe, dans la maison de son père et nous nous étions rencontrés à plusieurs reprises, notamment au mois d'août, juste avant que je ne quitte l'île. Claude Bergeaud lui avait transmis, pour moi, une fiche bourrée d'exercices à effectuer impérativement avant mon arrivée. Il m'avait donc aidé à les réaliser.

Peu de temps après ce test, Claude Bergeaud a accepté de me conserver : « *Tu as des qualités athlétiques, mais il y a encore beaucoup de travail.* » Je ne me souviens plus exactement de ses mots, mais selon lui, j'étais un diamant brut qu'il faillait tailler.

Mais croyait-il réellement en moi ou me gardait-il dans son club uniquement par respect pour mon frère et Jean-Pierre, l'un des agents en vue de la région ? Je ne l'ai jamais su. Quelques jours plus tard, on m'envoyait faire mes armes non pas avec l'équipe première de la catégorie « cadets » qui évoluait en championnat de France, mais avec celle jouant en championnat régional. Celle de Francis. Peut-être n'étais-je pas prêt pour intégrer un niveau plus élevé.

Les entraînements ont rapidement démarré, à raison de trois ou quatre séances par semaine, après les cours. Nous jouions pour le club de Pau-Nord-Est, affilié à Pau-Orthez. Le rythme était soutenu.

Mon premier match en métropole, dans la salle des Anglais, au centre-ville, fut assez rocambolesque. Dès l'entre-deux initial, l'un de mes coéquipiers se trompe de côté et va smasher dans notre propre panier. Dans les tribunes, Claude Bergeaud observe mes premiers pas. Il m'a récemment confié ses impressions : « *Tu étais déjà dans la contestation des arbitres, dans la bagarre. En toi, on voyait beaucoup de rage de jouer, de rage de vaincre. Tu n'étais pas le joueur le plus talentueux, mais on sentait que tu allais beaucoup travailler pour percer et atteindre le haut niveau. Tu en avais les moyens.* »

C'est vrai, je m'engueulais constamment avec les arbitres. Cela n'a pas changé. À l'époque, je portais le numéro 9, mais je ne l'avais pas choisi. Les maillots étaient triés par taille. Le plus petit prenait le 4 et ainsi de suite.

Plus tard, j'ai opté pour le 11, en hommage à Antoine Rigaudeau et je l'ai conservé dans tous les clubs que j'ai fréquentés. J'adorais et j'admirais ce joueur, son jeu, même s'il était complètement différent du mien. « Tonio » – son surnom –, je l'ai découvert à Pau lors de ma première année. Un jour, alors que j'étais installé dans les gradins du Palais des sports, il a inscrit dix-neuf points d'affilée face à Bologne en Coupe d'Europe. Je fus conquis. De temps en temps, on le côtoyait avant l'entraînement. Il était très sympathique, abordable. Il nous filait même ses paires de chaussures qu'il ne portait plus. Après Michael Jordan, il était mon joueur préféré. Je ne ratais aucun de ses matchs.

Lorsqu'il a quitté Pau en 1997, j'ai continué de suivre ses performances, ses titres avec la Virtus Bologne. Un joueur hors normes, un Dieu en Europe. Le roi Rigaudeau. Malheureusement, sa fin de carrière a été légèrement gâchée par la NBA. À trente et un ans, il a rejoint Dallas mais le staff américain l'a pris pour un débutant. Il n'a participé qu'à quelques bouts de rencontres. Quel dommage !

Moi, sur le terrain, j'oubliais mes soucis et je me battais sur tous les ballons. Dans la vie quotidienne, j'avais du mal à m'exprimer, à exposer mes sentiments. Je palliais la situation avec cette rage sur le parquet. Malgré l'affection de la famille Cotellon, je ne me sentais pas très bien. J'étais réservé et je n'avais pas l'impression d'être à ma place. J'avais la trouille. En quittant Sainte-Anne, j'étais euphorique. Quelques mois plus tard, perdu. La Guadeloupe me paraissait tellement loin. Ici, tout était différent. Je n'arrivais pas à m'habituer…

Je pensais beaucoup à ma mère. Le soir, il m'arrivait de pleurer, tout seul, sur mon lit. Grâce à elle, à son exemple, je me relevais et tentais d'avancer. Pour elle, je voulais réussir. Mais c'était dur, très dur. Surtout le week-end. Mes coéquipiers quittaient l'auberge pour rejoindre leur famille. Je me retrouvais seul dans ce grand bâtiment. Toutes les chambres étaient vides. Ma grand-mère, Mike, mes frères et sœurs, ma famille et mes amis me manquaient terriblement. Je n'en pouvais plus. Lorsque les fêtes de Noël approchaient, la douleur s'accentuait.

Pendant les vacances scolaires, je m'ennuyais et j'essayais de passer le temps au mieux. Je me baladais, je prenais mon vélo, je me rendais au centre-ville, puis je continuais jusqu'aux faubourgs de la ville. Je pédalais, juste pour m'occuper, sans but précis.

Clairement, durant cette première année paloise, je ne fus pas heureux. Ce départ vers la métropole ne m'avait pas été imposé, mais je commençais à le regretter. Je voulais rentrer, tout abandonner. Je déprimais pendant quelques heures puis, heureusement, je retrouvais le sourire et la motivation. Mais dès que je restais trop longtemps dans ma chambre, le blues s'installait. Les larmes coulaient.

Je n'avais pas d'amis à proximité, personne à qui faire part de mes problèmes. Parfois, Rony m'appelait mais, entre ses rencontres et ses obligations professionnelles, passer du temps avec moi était très compliqué. Du coup, je gardais cette douleur en moi. Je ne suis pas homme à se confier facilement. Aller vers les autres, les embêter avec mes soucis, cela me dérange. Je préfère les régler tout seul.

Pour être moins triste, j'avais décoré ma chambre aux couleurs de la Guadeloupe. Espérant retrouver la chaleur de mon île. La pièce n'était pas très grande, mais il y avait suffisamment de place pour accrocher une série de photos et épingler une carte sur le mur. Avoir mon propre espace me rendait le sourire.

J'ai pu faire tout ce qui était interdit chez ma grand-mère : poser mes affaires n'importe où, laisser traîner des sucreries, mettre « *Je danse le Mia* » d'IAM à fond ou encore écouter, pendant plusieurs heures, MC Solaar, NTM ou Doc Gynéco. Le matin, pour le réveil, toute l'auberge profitait d'un peu de zouk. Personne ne s'en est jamais plaint.

Au-dessus du lit, j'avais accroché une série de posters de Michael Jordan avec ses chaussures rouge et noir. Je les avais détachés dans le magazine *Maxi-Basket* que j'achetais grâce aux 400 francs que m'envoyait chaque mois Rony.

Dans cette Maison des espoirs, il y avait cependant des règles à observer. Comme chez mamie. Chaque jour, nous prenions nos repas dans une grande pièce au rez-de-chaussée, contiguë à la cuisine occupée par « Nini » et « Mimie », deux employées du club, chargées de l'intendance, mais aussi du nettoyage. L'ambiance était très conviviale. Nous étions assis tous ensemble. J'étais le plus jeune. Un surveillant, prénommé Booba, s'assurait du respect des horaires. Il s'occupait également du suivi de nos devoirs. Pour regarder la télé, il fallait se rendre dans le salon commun, qui faisait également office de salle à manger.

À 20 h 30, nous devions tous être rentrés, après l'entraînement. Le club m'avait offert un vélo, mais je me suis rapidement fait piquer les roues. La plupart du temps, je me rendais donc à pied au Palais des sports, situé à une quarantaine de minutes, et je devais courir pour arriver à l'heure, tous les soirs, à l'auberge.

En dehors du basket et des entraînements, je préparais mon Bepc. J'étais inscrit au collège Saint-Cricq, juste à côté du centre de formation. Nouer des liens avec mes camarades de classe était très difficile. Je venais d'arriver à Pau et, chaque week-end, j'étais accaparé par mes rencontres. Le mercredi après-midi, l'entraînement remplaçait le cinéma. Je n'avais pas d'amis et ça me manquait.

Je m'asseyais toujours au fond de la classe, à côté du chauffage, j'avais froid. Je n'étais pas habitué à cette température. En Guadeloupe, quelle que soit la saison, je restais toute la journée en t-shirt. Rony m'avait prévenu, il m'avait même acheté une doudoune bleue et noire pour passer l'hiver. Mais je grelottais et je restais dans mon coin. Introverti.

Durant les cours, j'étais assez sérieux. Mes notes n'étaient pas excellentes, mais je travaillais dur. Ce diplôme, je voulais l'obtenir. Chaque soir, Booba s'acharnait à m'aider pour mes devoirs. J'aurais aimé lui faire plaisir. Pourtant, j'ai échoué.

Mais je n'ai pas arrêté mes études pour autant. L'année suivante, j'ai passé un CAP de commerce et de ventes au Greta, un établissement de formation continue qui permet d'alterner l'école et l'entreprise une semaine sur l'autre. En parallèle, je travaillais à la boutique du club. Ma mission était simple : vendre des articles de l'Élan béarnais et m'occuper de la comptabilité. Mon planning était assez flexible. Je bossais mais j'avais tout le loisir de m'entraîner avec les « cadets » France et les « espoirs ». J'ai fini par décrocher mon diplôme !

Jean-Pierre Cotellon n'était jamais très loin. Au moindre problème – une simple question, un souci ou un manque de vêtements –, je pouvais le joindre. Parfois, le week-end, il venait me récupérer. Chez lui, j'ai découvert une chose unique. Rare pour moi, féerique et fantastique. En quittant la Guadeloupe, j'attendais avec impatience les mois d'hiver. Non pas pour la température, mais pour les chutes de neige. La télé, chez nous, évoquait rarement la métropole. Hormis à cette occasion. Ces images de la France enneigée m'avaient marqué. J'en parlais tout le temps à ma grand-mère qui me raillait : « *Si tu veux voir la neige, ouvre le freezer et tu verras ce que c'est.* »

Certains fuyaient la neige, moi j'en raffolais. Je repassais même en boucle la cassette du film *Rasta Rocket.*

En décembre 1996, mon rêve de gamin s'est réalisé. Quelques jours avant de rejoindre, à Bordes, à côté de Pau, Rony, sa femme et ses beaux-parents, pour Noël, j'ai ouvert les yeux, quitté mon lit, et j'ai regardé par la fenêtre. Tout était blanc.

Mes difficultés d'adaptation n'étaient pas évacuées, mais petit à petit, je m'acclimatais à la vie métropolitaine. Surtout, grâce au basket. L'épanouissement y était complet. Mes progrès me paraissaient énormes. Jour après jour, grâce à l'aide de mon entraîneur Jean-Luc Cambot, je les sentais. Pendant des heures, il me faisait répéter des gammes sous le panier, tel un musicien. Ça a payé.

Au terme de ma première année, nous avons remporté le championnat d'Aquitaine, après une finale disputée, au mois de mai, dans les arènes de Pomarez, encouragés par plusieurs milliers de supporteurs. L'ambiance était hallucinante ! J'avais l'impression de fouler la pelouse du Stade de France et de disputer une finale de Coupe du Monde. Même les joueurs professionnels du club étaient présents.

Mon nom revenait de plus en plus souvent dans les discussions de mes dirigeants. On commençait à parler de moi et de mon jeu spectaculaire. Puis mon frère est arrivé.

II

UN DUO INSÉPARABLE

Personne n'oubliera les frères Piétrus à Pau ! À l'époque, tout le monde parlait de nous. Il faut avouer que nous martyrisions nos adversaires. Les actions spectaculaires s'enchaînaient. Les dunks et les contres se multipliaient. Les spectateurs, debout, se régalaient. Et nous nous éclations.

Avec l'arrivée de Mike dans le Béarn, tout a changé. L'adolescent timide s'est transformé, je me suis affirmé, j'ai repris confiance. J'ai enfin retrouvé mon petit frère, mon meilleur ami.

J'ai eu confirmation de cette bonne nouvelle au début de l'été 1997, un an après avoir quitté le pays. Un an que je n'avais plus mis les pieds à Sainte-Anne. En enregistrant mes bagages, je trépignais. Impatient de raconter, au plus vite, ces quelques mois et, surtout, de revoir les visages qui me manquaient tant.

Ma grand-mère et ma tante m'attendaient à l'aéroport de Pointe-à-Pitre. Douze mois après mon départ avec mon pantalon découpé aux ciseaux, j'étais de retour avec, dans mes valises, de nombreux cadeaux à l'effigie du club pour mes amis.

Pendant mon absence, Mike avait joué toute l'année avec l'équipe « seniors » de Sainte-Anne. Il avait également décroché son brevet des collèges. La promesse de Rony, faite un an plus tôt, pouvait donc se concrétiser. À la fin des vacances, nous sommes partis ensemble pour Pau, dans la Maison des espoirs, notre lieu de vie jusqu'à notre majorité et nos débuts avec l'équipe professionnelle.

« Tu verras, je vais tout te montrer. Le Palais des sports, c'est un truc de fou, le centre de formation également. À l'auberge, nous avons chacun notre chambre. Ça va être génial ! » J'étais surexcité. Je voulais déjà lui faire visiter la ville. Lui, il buvait mes paroles et rêvait d'avoir de nouvelles fringues, des chaussures Nike.

Mike a eu beaucoup de chance. Son adaptation a été assez facile. Jamais, il n'a connu la solitude, la peur, l'angoisse d'être isolé à des milliers de kilomètres de sa famille. J'ai pu le guider, l'aider. Moi, j'étais enchanté. Chaque soir, chaque week-end, pour les vacances scolaires, mon petit frère serait à mes côtés. Pour parler, rigoler, nous amuser.

Dès son premier jour en métropole, je lui ai montré le trajet pour aller à l'école, présenté la salle, le centre de formation. Il était aux anges. Alors que j'étais arrivé sur la pointe des pieds un an plus tôt, Mike semblait dans un tout autre état d'esprit.

Il pouvait vraiment s'estimer heureux, notamment parce qu'il avait échappé au bizutage. Contrairement à moi. Un an plus tôt, un certain Jérôme Thion, de trois ans mon aîné, s'en était chargé.

À l'époque, le futur rugbyman, sélectionné plusieurs dizaines de fois avec le XV de France, jouait avec les « espoirs » de Pau, mais aussi avec les « pros ». Il logeait toujours dans l'auberge. Tout le monde le respectait, il était le plus âgé, le plus baraqué et le plus extraverti de la maison. Mon opposé. Néanmoins, je m'entendais très bien avec lui. Et son bizutage a été plutôt clément.

Un soir, en rentrant de l'école, j'ouvre la porte du salon. Jérôme et quelques amis qui logeaient dans l'établissement me sautent dessus. Ils m'attrapent, m'emmènent dans ma chambre à l'étage et me lient poignets et chevilles avec une strap, avant de m'abandonner sur mon lit. Le calvaire a duré une dizaine de minutes, puis, ils sont partis. J'ai dû demander de l'aide pour me libérer.

Mon cas n'était pas isolé. Tout le monde passait par là. C'était une étape obligatoire. J'ai eu de la chance, ils n'ont pas cherché à m'humilier. Certains se sont fait asperger de mousse à raser sur tout le corps, jusqu'aux fesses. Avant d'être attachés, nus, sur leur lit.

La bande des plus âgés imposait ses lois dans l'auberge. Le seul téléphone de la maison, par exemple, était leur propriété. Avant de passer un coup de fil, il fallait constamment patienter. Ils monopolisaient l'appareil. Mais je ne me plaignais pas. Quelques semaines après mon arrivée, je ne voulais pas me faire remarquer.

Jérôme Thion a continué à jouer au club jusqu'en 1998. Un jour, Freddy Hufnagel, son coach, lui a dit qu'il était trop costaud pour le basket, qu'il devrait se mettre au rugby. Un conseil avisé. Six saisons plus tard, il a rejoint l'équipe de France. Il a terminé sa belle carrière à Biarritz en 2013, à l'âge de trente-cinq ans, avec deux titres de champion de France et deux Tournois des Six Nations dans sa besace. Pas mal !

Le week-end, Mike et moi étions coincés. Pour sortir le soir, une autorisation signée par les parents était obligatoire. En tant que tuteur, Rony pouvait nous la fournir, mais il évoluait alors à Limoges. Impossible d'obtenir son accord. Nous nous débrouillions autrement.

L'auberge comportait trois étages et, avec un peu d'astuce, il y avait toujours moyen de s'en échapper. Ou bien d'y faire pénétrer quelqu'un même si cela était interdit. « *Toute présence féminine est proscrite* », indiquait le règlement intérieur. Qu'importe. Il suffisait d'être malin pour tromper la vigilance des surveillants.

Certes, un escalier desservait directement les chambres, sans risque d'être surpris. Malheureusement, les marches grinçaient. Pour descendre du troisième, c'était le parcours du combattant ! Il fallait s'arrêter à chaque étage, faire mine de rendre visite à un coéquipier et, enfin, passer le plus silencieusement possible devant le repaire de Booba situé devant l'entrée principale, avec vue sur le portail extérieur.

L'idéal était d'obtenir dès le début de l'année une chambre en bas. Mais elles étaient réservées aux anciens. J'ai pu en récupérer une après le départ de Jérôme Thion. Il y avait néanmoins un problème : le plafond était bas, je devais courber l'échine. Mais, l'accès vers l'extérieur était facilité.

Une dernière astuce consistait à rejoindre la piaule d'un ami au rez-de-chaussée. Il suffisait alors d'ouvrir la fenêtre et de sauter. Mais il fallait être prudent. Tout le monde ne pouvait s'éclipser au même moment. On aurait pu nous surprendre. Nous sortions donc un par un pendant que d'autres guettaient dans le couloir.

Une fois dehors, il fallait assumer. Le retour était impossible, hormis par la même voie. Le portail de l'entrée était fermé et ne s'ouvrait que le lendemain matin, à 8 heures. Chacun prenait donc un sac à dos avec du linge de rechange pour ne pas éveiller les soupçons. Puis, nous partions chez des amis ou chez nos copines pour la nuit. Nous revenions, l'air de rien, vers 10 heures – trop tôt, cela aurait paru suspect –, avec une autre tenue sur les épaules.

Nos combines n'ont pas toujours fonctionné. Plusieurs collègues se sont fait attrapés et ont été exclus. Malgré ce risque, le manège continuait. Prendre l'air, quitter cette auberge, c'était vital.

Dans les rues, il ne fallait pas non plus se faire repérer. À Pau, une toute petite ville, le basket est une religion. Tous les joueurs étaient facilement reconnus. Surtout Mike et moi, deux Guadeloupéens. Nous ne passions pas vraiment inaperçus. Nos sorties remontaient rapidement aux oreilles de Claude Bergeaud, le responsable du centre de formation. Nos virées nocturnes et interdites, nous les menions donc très discrètement.

En ville, il faut bien l'avouer, il n'y avait pas grand-chose à faire. En dehors du bowling où j'excellais et du Laser Game où nous nous rendions régulièrement avec Mike et nos amis – on nous traitait d'ailleurs souvent de tricheurs car nous masquions notre cible avec la main –, nous n'avions guère le temps de nous disperser. Chaque samedi, nous disputions une rencontre avec les « espoirs » avant de rejouer, le dimanche, avec notre équipe de « cadets », en championnat de France. Parfois, nous enchaînions ces deux rencontres après des déplacements en bus jusqu'à Cholet ou Limoges.

Au bout de quelques semaines, tout le monde parlait déjà des « *frères Piétrus* ». À chaque match, le spectacle était au rendez-vous. Nos actions provenaient tout droit d'un All-Star Game ou d'un jeu vidéo. On se prenait pour les Lakers de Los Angeles de la grande époque. En contre-attaque, nos coéquipiers lançaient le ballon sur la planche et nous arrivions pour smasher. Lorsqu'un joueur était dépassé en défense, nous débarquions en sprint, en deuxième rideau, pour scotcher l'adversaire sur la planche. Sans arrêt, il y avait un contre ou un dunk.

Petit à petit, le public nous a suivis. Notre équipe séduisait. Entre trois et quatre cents spectateurs garnissaient les tribunes de la salle de Pau Nord-Est lors des rencontres.

Puis, tout est allé très vite. Rapidement, j'ai pris mon envol et franchi de nouveaux paliers. Avec mon frère, nous avions tapé dans l'œil de nos dirigeants grâce à l'accumulation de nos bonnes performances. Tout paraissait très facile.

Notre coach, Mickaël Froger, contribuait à la bonne humeur générale. Notre entente, au sein de l'équipe, était optimale. Lors de ma troisième saison en « cadets », trois ans donc après mon arrivée, nous nous sommes qualifiés pour la finale de la Coupe de France à Paris, au Palais omnisports de Bercy. Quatre jours plus tôt, pour célébrer l'événement, nous avions fait le pari de nous teindre les cheveux en blond.

Nous avons donc débarqué avec nos têtes colorées, le dimanche matin, dans cette salle à la fois gigantesque et vide. On l'a emporté (90-79) face au Limoges CSP, l'ennemi juré du club. Ma performance n'est pas passé inaperçue : vingt-huit points et vingt-sept rebonds ! Un carton réalisé sous les yeux de nombreux coachs et observateurs qui n'ont pas cessé d'entendre parler, tout au long de l'année, des frères Piétrus...

Nous ne nous sommes pas arrêtés en si bon chemin. À la fin de la saison, nous avons également décroché le titre de champion de France « cadets », le premier du club, lors du Final Four organisé à Clermont-Ferrand. À la troisième place, on y retrouvait Poitiers, club que nous avions largement dominé quelques semaines plus tôt après une courte défaite au match aller. Cette équipe était dirigée par un jeune coach de vingt-sept ans, un Guadeloupéen, Ruddy Nelhomme, mon futur entraîneur-adjoint en équipe de France...

Tous ces succès auraient pu me monter à la tête. Mais pour garder les pieds sur terre, je pouvais compter sur Claude Bergeaud. Le patron du centre de formation, à l'origine de ma venue, m'avait pris, avec Mike, sous son aile. Tout au long de mes années paloises, il a tenu un rôle de conseiller et de père. Une sorte de Guy Roux du basket. Il a toujours été présent. Il nous surveillait et se démenait pour nous rendre la vie plus facile. Il nous ramenait à l'auberge avec sa voiture, il venait nous chercher, s'intéressait à nos vies, nos fréquentations. Dans les moments difficiles, il nous épaulait et nous organisait même des séances individuelles.

Il m'a inculqué le goût de l'effort, du travail. La discipline était primordiale, il ne laissait rien passer. Ma grand-mère nous avait vraiment laissés entre de bonnes mains. Un jour, Mike a connu des problèmes de discipline avec un prof. Claude l'a immédiatement sanctionné : quinze jours de mise à pied, entraînement interdit !

Claude nous considérait comme ses fils. Il était plus dur avec nous qu'avec les autres jeunes du club. Il ne cachait pas son ambition : notre réussite. Conscient de notre talent, il mesurait également le danger que la gloire naissante nous faisait courir. Avec Freddy Hufnagel, le coach des « espoirs », il ne nous quittait pas d'une semelle. Tout le club fondait d'immenses espoirs sur notre potentiel.

Le dimanche, lorsque nous n'avions pas de rencontre à disputer, Claude nous emmenait chez lui. Nous déjeunions avec sa femme, une ancienne basketteuse, et ses deux petites filles. La première invitation de Mike reste mémorable. Claude nous a servi du foie gras et Mike l'a étalé comme des rillettes ou du pâté. Claude l'a regardé, incrédule, avant d'éclater de rire.

Lors de ce repas dominical, Claude mijotait toujours des spécialités locales, notamment du magret de canard. En grand amoureux de sa région, il tenait à nous faire découvrir les richesses du terroir.

À table, on ne parlait pas de basket mais de la vie en général. Il nous mettait souvent en garde, veillant à ce que les agents ou journalistes restent à l'écart le plus longtemps possible. Je l'écoutais comme un fils écoute son père, il m'avait accueilli à bras ouverts dans sa famille. Claude a un grand cœur. De temps en temps, il nous emmenait avec sa toute vieille voiture, une Renault grise, assister à des matchs de basket dans les Landes. Nous allions parfois jusqu'à la plage, à Bayonne.

Pour déconner, nous le surnommions entre nous « le Gitan ». Il s'habillait très mal, ses vêtements dataient d'une autre époque, mais il ne se prenait pas la tête. En fait, Claude est un homme simple, naturel, qui n'aime pas s'afficher. Il n'a jamais changé, même lorsqu'il a pris un peu plus tard les rênes de l'équipe professionnelle puis de l'équipe de France.

III

LA POULE AUX ŒUFS D'OR

Deux pépites, tels Mike et moi, cela attire les regards. Les supporteurs n'étaient pas les seuls à nous suivre attentivement. Nos prestations étaient scrutées par de nombreuses personnes. Des poules aux œufs d'or, voila ce que nous représentions aux yeux de tous ces suiveurs qui nous tournaient autour.

Beaucoup de gens que nous ne connaissions pas nous attendaient à la fin de l'entraînement ou après les matchs. Des individus assez cupides qui souhaitaient tout simplement leur part du gâteau. Toutes les semaines, nous recevions des propositions. Des agents, dont le sulfureux Didier Rose, voulaient impérativement signer un contrat avec nous : « *Vous allez voir, on va vous emmener jusqu'à la NBA. Vous serez les prochaines grandes stars !* »

On nous promettait de très belles choses. On nous faisait rêver, miroiter des sommets. Pourtant, dans ma tête, tout était déjà assez clair. Je ne me berçais guère d'illusions. C'est le joueur qui fait l'agent, et non le contraire. Le travail, c'est moi qui le fournis, sur le terrain. Si je suis mauvais, aucun agent ne m'aidera à faire mes preuves, ni à convaincre de futurs employeurs.

Heureusement, il y avait Rony. Mon grand frère, même à distance, veillait sur nous. De toute façon, puisque nous étions encore mineurs, son accord et sa signature étaient indispensables. Au bout d'un moment, il a accepté une collaboration avec Alain Larrouquis, un ancien basketteur d'Orthez, longtemps sélectionné en équipe de France. Mais ce fut – et c'est un euphémisme – une grosse erreur.

Nous n'avions guère le choix. Pour préparer nos rêves de NBA ou un départ vers les plus grands clubs européens qui commençaient à s'intéresser à nous, un agent devait s'occuper de nos intérêts. Rapidement, nous avons donc accordé notre confiance à cet homme bien implanté dans le club palois puisqu'il gérait également la carrière de Laurent Foirest, l'une des stars de l'équipe professionnelle. Une assurance tous risques, pensions-nous.

Pour nous convaincre, il avait trouvé un bon moyen. Il ne nous a pas proposé d'argent, mais un voyage à Phoenix, chez son associé américain, Paco Belassen, l'agent de Tariq Abdul-Wahad, premier joueur français NBA. Un séjour merveilleux. Nous avons passé une semaine en Arizona, durant l'été. Pour la première fois, nous mettions les pieds aux États-Unis, des rêves plein la tête.

À dix-sept ans, j'étais fier. Mais aussi soulagé. Dès cette signature, mon téléphone a arrêté de sonner. Alain Larrouquis allait donc prendre en main mon avenir…

Mais au final, rien ne s'est déroulé comme prévu. J'ai même la sensation de m'être fait plumer.

Durant toute ma formation à Pau puis lors de mes années professionnelles, la rémunération des joueurs était fixée par le président Pierre Seillant. Et uniquement par lui. Je n'ai jamais rien négocié. Ni moi, ni mon agent. Dès le début de la saison 2000-2001, j'ai signé un contrat d'aspirant-professionnel d'une durée de cinq ans. Une longueur identique pour tous les « espoirs » qui rejoignaient l'équipe professionnelle, qu'ils s'appellent Piétrus, Diaw ou Dupont. Tous les ans, mon salaire bénéficiait d'une augmentation. Le président Seillant a toujours été très correct. Mes contrats étaient alléchants. Même lors de mes premières saisons au club, avec les « cadets » France, je touchais un peu d'argent : 400 francs par mois. Ensuite, j'ai débuté autour de 5 000 euros lors de ma première saison « pro », avant d'atteindre les 20 000 euros mensuels lors de ma dernière année, après les différents titres de champions de France.

En 2003, un peu avant de quitter Pau-Orthez pour l'Espagne, j'ai voulu changer d'agent, tout comme Mike qui venait d'être *drafté* en NBA. Notre vie prenait une tout autre tournure. Mon petit frère allait rejoindre les Warriors de Golden State, alors que moi, j'étais recalé aux portes de mon rêve. Je voulais prendre un nouveau départ. Le début des problèmes. Alain Larrouquis nous a réclamé des sommes astronomiques, des commissions qu'il n'aurait pas touchées alors que nous n'avions même pas changé de club. La somme s'élevait, pour ma part, à 40 000 euros. J'ai refusé de payer et il a décidé de m'attaquer en justice. J'étais hors de moi. À vingt-deux ans, j'avais l'impression de me faire arnaquer.

L'affaire a traîné pendant un an et, au final, le tribunal m'a donné tort puisque, selon le contrat signé avec mon agent, je devais lui verser lesdites commissions, même s'il n'avait jamais rien négocié. Au fil des mois, la somme avait enflé. Entre les commissions non touchées, les frais d'avocat et les indemnités journalières, j'ai dû débourser 100 000 euros ! Je n'ai même pas fait appel, j'en avais marre.

Ce monde-là, celui des agents, c'est vraiment la jungle. Certains ne sont là que pour l'argent. Si, comme il le prétendait, Larrouquis s'était avant tout intéressé à mon épanouissement personnel et à la poursuite de ma carrière, il ne m'aurait pas poursuivi en justice. J'éprouve toujours une certaine amertume concernant cet épisode. Pas sûr que je lui serre la main de nouveau.

Malgré ce contentieux, j'ai fait confiance à un autre agent après mon départ de Pau-Orthez. Un homme complètement différent, sur qui je peux compter. Au moindre problème, il est capable de m'aider. Il n'est pas là pour me rouler.

IV

L'ÉMANCIPATION

À nous la liberté ! Nos dix-huit ans révolus, nous avons pu quitter l'auberge et la surveillance continue, pour emménager dans un appartement, propriété du club. Un trois pièces. Mike et moi avions chacun le notre, dans le même immeuble. Enfin, nous pouvions sortir à notre guise, sans déployer mille et une astuces pour échapper à la vigilance de Booba.

Dix-huit ans, c'est aussi l'âge du permis de conduire. Je l'ai obtenu dès ma première tentative, bien que j'aie raté le code à deux reprises. Une galère. Pour l'épreuve de conduite, heureusement, la chance était de mon côté. Je ne suis monté qu'à 12 h 30 dans le véhicule, le dernier. L'examinatrice devait mourir de faim, elle a rapidement abrégé l'examen, m'annonçant la bonne nouvelle au bout de cinq minutes. Mais je la soupçonnais de favoriser les sportifs car tous les joueurs du club le décrochaient rapidement…

Avant même d'être en possession du précieux papier rose, j'avais déjà acheté la voiture, une Twingo de couleur violette. Tous les jours, je la nettoyais alors qu'elle ne roulait pas encore. Fabien Dubos, l'un des « pros », en possédait une également et je l'ai imité. Pour moi, ce véhicule, avec un plafond aussi haut, c'était l'idéal. Elle m'a coûté moins de 3 000 euros, d'occasion. Je n'avais de toute façon pas les moyens de dépenser davantage.

Sa durée de vie n'a cependant pas été très longue. Au bout d'une semaine, la casse s'en est emparée. J'ai voulu me garer au centre-ville de Pau mais, ayant raté une place disponible à ma droite, j'ai reculé et un véhicule m'est rentré dedans, par l'arrière. La Twingo était défoncée.

Dans la foulée, je l'ai remplacée par une Clio blanche, basique, qui a tenu une année. Puis, lorsque j'ai signé mon contrat « pro », je me suis fait plaisir. Je me suis offert la voiture de mes rêves, un coupé Peugeot 406, violet – j'adore cette couleur. Une première main, que j'avais trouvée sur le Net, vendue 15 000 euros. Le triple de mon salaire ! J'ai dû demander une avance au président Seillant pour l'acquérir.

Mais une nouvelle fois, elle a souffert. Je l'ai récupérée un matin, à Biarritz, avec Fouad, un ami, connaisseur en matière d'automobile. J'avais pris mes précautions, je ne voulais pas me faire avoir. Finalement, il a validé l'achat. Lors du trajet retour, pour le remercier, je lui ai laissé le volant. Mais sur l'autoroute, à une centaine de kilomètres de Pau, alors qu'il tentait de dépasser un gros camion de livraison, des travaux sur la file de gauche nous ont obligés à nous rabattre rapidement. Fouad continuait d'accélérer. Je me suis énervé :

« *Ralentis, ça ne passera pas ! Freine !*

– Mais si, tu verras, t'inquiète pas. »

Il voulait absolument tester la puissance du moteur. Mais j'avais raison. Il a dû freiner en catastrophe avant de braquer vers la droite, pour se ranger *in extremis* derrière le camion. Non sans dégâts. L'aile droite de la 406 a méchamment heurté l'arrière du poids lourd qui a continué sa route, sans se rendre compte de l'impact.

Nous avons dû nous arrêter sur la bande d'arrêt d'urgence. Les jantes étaient défoncées, la roue avant droite, cassée. J'étais fou de rage ! La dépanneuse, appelée en catastrophe, a mis plus d'une heure pour arriver. Je paniquais. J'allais manquer mon entraînement et je craignais la réaction de mes dirigeants, qui ont été plutôt cléments.

J'ai finalement récupéré ma voiture deux mois plus tard, avec une carrosserie toute neuve payée par Fouad. Elle était magnifique mais trop basse. Impossible de négocier correctement les dos-d'âne, surtout lorsque des passagers étaient installés à l'arrière. Nous étions trop lourds. Mes amis devaient donc sortir pour que je puisse franchir l'obstacle. À chaque passage surélevé, je créais un petit embouteillage. Avant de partir en balade, je devais établir une feuille de route pour éviter les endroits à problèmes. Les parkings souterrains, par exemple, m'étaient interdits. Avec leurs vertigineuses descentes, je ne pouvais y accéder, je restais coincé.

Rapidement, j'ai bénéficié d'un accès facile à l'argent. J'en profitais. J'aimais les belles choses, les belles voitures, les belles montres, les beaux vêtements. Tout cela était nouveau pour moi. Ai-je pourtant changé d'attitude ? Suis-je devenu arrogant ? Je ne le pense pas. Je suis resté assez discret. Notamment grâce à ma femme, Christelle, que j'ai rencontrée à l'âge de dix-neuf ans.

Avant de la connaître, je n'ai pas eu beaucoup d'autres relations. J'étais même resté près de trois ans avec une basketteuse du club. Être volage ne me ressemble pas.

En revanche, je le reconnais, j'adore plaire. Avant de connaître Christelle, j'ai largement profité de ma notoriété naissante. Comme tous les gosses de mon âge, je ne menais pas une vie de moine. Les sollicitations et propositions aguichantes s'enchaînaient. Je n'avais même pas besoin d'ouvrir la bouche ou de batailler. Passer à la télé remplaçait toutes les techniques de drague. Être sportif, cela attire les regards. C'est incroyable. En boîte de nuit, un basketteur professionnel ne laisse pas indifférent. Tentant, certes, mais dangereux également. Ces excès peuvent rapidement faire oublier les priorités et certains y ont laissé des plumes…

Mon aventure avec Christelle a débuté en décembre 2000. Par un heureux et extraordinaire hasard. Avec mon club, nous nous étions rendus à Nancy pour une rencontre de championnat. À cette époque, les frères Piétrus faisaient la une de tous les magazines. Nous étions les nouvelles stars françaises. On nous adulait, mais on nous détestait également. Dans les tribunes de la salle nancéenne par exemple, une banderole donnait le ton : « *Les Piétrus, on vous hait.* »

Lors de chacun de nos déplacements, nous étions critiqués. Notre club dominait le championnat et la réussite n'attire pas forcément les louanges des fans adverses. Tout le monde ne nous applaudissait pas… Les supporteurs ou la presse locale juraient que nous étions protégés par les arbitres. Je pense qu'il y avait une grosse part de jalousie. Nous étions jeunes, talentueux et cela ne plaisait pas forcément.

Mais ce soir-là, ce n'est pas ce que j'ai retenu en priorité. Une jeune métisse de dix-sept ans, prénommée Christelle, assistait à son premier match de basket. Elle ne s'intéressait même pas à ce sport. Pourtant, la veille de cette rencontre en Lorraine, son regard était tombé sur un article, avec ma photo. L'une de ses amies lui avait proposé d'assister au match et elle avait accepté. Dans la nuit, elle avait même rêvé de moi ! Le destin !

À la fin de la rencontre, alors que je m'apprêtais à monter dans notre bus avec Mike, j'ai remarqué cette jeune femme, dehors, accompagnée par sa copine. Elles discutaient toutes les deux et s'apprêtaient à partir. Elle m'a tapé dans l'œil. J'ai immédiatement craqué sur ses cheveux bouclés. Et le dragueur qui sommeillait en moi s'est réveillé : « *Viens Mike, il ne faut pas la laisser partir !* »

J'étais célibataire. Son style et son apparence me séduisirent. J'ai donc mis en place une technique de drague pitoyable : « *Tu t'en vas ? Tu ne veux pas qu'on prenne le petit déjeuner ensemble ?* »

Ma tactique pour passer la soirée avec elle, puis la nuit…

Je ne me suis pourtant pas pris de gifles. Je lui ai raconté plein de conneries, des bobards. Le courant passait à merveille. Notre retour à Pau n'étant programmé que le lendemain, je disposais de ma soirée. J'en ai donc profité pour la raccompagner, à pied, jusqu'à Laxou, aux portes de Nancy, au domicile de ses parents.

Je lui ai demandé son numéro de téléphone et, quelques minutes plus tard, nous avons repris notre conversation. Cela a duré toute la nuit, jusqu'à ce que la batterie de son portable rende l'âme, à 8 heures du matin ! J'étais déjà amoureux !

Rebelote le lendemain et les jours suivants. J'avais l'impression de la connaître depuis des années. Nous nous racontions nos vies.

Quelques semaines plus tard, nous nous sommes revus à Chalon-sur-Saône, lors du All-Star Game, et nous avons démarré notre relation. Pendant près d'un an, nous avons vécu séparés, à plus de mille kilomètres de distance. Nous planifions nos rendez-vous à la porte d'Orléans, à Paris. Nous dormions au Novotel et nous nous rendions toujours dans la même crêperie, située à droite du pont surplombant le périphérique, pour déguster une crêpe au chocolat, avant de rentrer à l'hôtel. Nous vivions comme des ados, fougueux et heureux. L'année suivante, elle m'a rejoint à Pau, m'assurant du même coup un bon équilibre de vie. Du genre : « *Tu ne sors pas ce soir, tu as entraînement demain matin.* »

Elle veillait constamment. Elle voulait que je me concentre sur le basket. L'avoir à mes côtés a été très important. J'ai pu garder les pieds sur terre et éviter de me disperser. Sinon, je serais peut-être passé à côté de ma carrière…

Sortir était pourtant devenu une habitude. J'adorais ça. À dix-huit ans, après l'installation dans notre appartement, nous faisions la fête Mike et moi, parfois jusqu'au bout de la nuit. Jusqu'à la fermeture des boîtes. Après les matchs, le samedi soir, on filait au Kili, l'établissement à la mode et le point de rendez-vous des Antillais, dans la zone industrielle de Pau.

Il n'y avait que du zouk. Nous retrouvions nos racines. Nous connaissions les moindres recoins de la boîte. Mais nous devions rester vigilants car elle était tenue par Jean-Pierre Cotellon. Claude Bergeaud l'appelait régulièrement, pour s'informer de nos sorties, de nos horaires et de notre comportement. Là-bas, j'ai fumé ma première clope. Je l'avais piquée à l'un des « espoirs » venus avec nous. La première et la dernière. Durant toute la soirée, j'ai vomi. Depuis, je n'ai plus jamais touché la moindre cigarette.

Nous accompagnait toujours un certain Boris Diaw qui avait rejoint notre centre de formation durant l'été 2000, après un passage par l'Insep. Je l'avais vu au bord du terrain, lors d'un entraînement, mais il était blessé. À l'époque, il ne ressemblait pas au capitaine de l'équipe de France que l'on connaît, c'était une grande perche, très maigre. Tout le monde parlait de son talent, j'avais hâte de le découvrir. Rapidement, il a été considéré comme le nouveau chouchou de Pau-Orthez.

Petit à petit, j'ai fait sa connaissance. Nous partagions les mêmes délires et centres d'intérêt. Il était toujours le premier à vouloir danser. C'était un sacré fêtard. Nous sortions tout le temps ensemble, Boris, Mike et moi, tels les trois mousquetaires. Sans oublier Artur Drozdov, un quatrième jeune du club. Nous ne nous quittions jamais.

Les apéros ou les *after* étaient régulièrement organisés chez Boris, qui habitait lui aussi dans notre immeuble. Il nous servait ses mélanges maison. Nous buvions un peu tout et n'importe quoi. Mais nous faisions très attention. Nous étions conscients de notre image à préserver, nous ne pouvions pas sortir dans la rue, trop alcoolisés. Sinon, le club nous aurait lourdement sanctionnés.

Chez Boris, nous n'étions pas seuls. Tous ses potes – il est originaire de la région bordelaise – venaient le voir chaque week-end. Mais jamais aucune fille. Pendant un temps, nous nous sommes même posé quelques questions. Nous l'avons beaucoup taquiné !

Les plus jeunes n'avaient pas le monopole des soirées arrosées. Loin de là. Frédéric Fauthoux et les frères Gadou, Thierry et Didier, nous ont pris sous leurs ailes. Ces Palois pure souche, joueurs historiques du club, ont été nos professeurs. Ils nous ont fait découvrir tous les bars de la ville – notamment Le Béarnais et Le Winfield – et nous ont enseigné l'art de la fête et de la boisson. Si, en Guadeloupe, les Noirs doivent impérativement « dunker » pour se faire accepter, avec eux, c'était le même principe : si tu ne buvais pas, tu n'avais pas ta place.

Nous avons entendu de sacrées histoires les concernant. Un jour, alors que Jérôme Thion les accompagnait en Turquie pour un match d'Euroligue, ils sont tous sortis en boîte jusqu'à 5 ou 6 heures. Mais à leur retour, ils n'ont pas été très discrets et Jacques Monclar, le coach, les a chopés : « *Je sais que vous n'avez pas écouté les consignes, vous êtes sortis. À quelle heure êtes-vous rentré ?* »

C'est Jérôme Thion qui a répondu :

« *À 2 heures, coach...*

- Tu te fous de moi, tu te prends pour le père Noël ou quoi ? T'es passé par où ? Par la cheminée ? J'étais dans le hall à 2 heures et il n'y avait personne. »

Monclar n'a pas arrêté de le chambrer, de se payer sa tête et de l'appeler « père Noël » ou « Canada Dry ». Il reprenait la pub de la boisson et il l'a détournée à sa sauce : « *Tu ressembles à un joueur de basket, mais tu n'en es pas un !* »

Avec eux, nous ne nous ennuyions jamais.

« *La première chose que tu mets dans ton sac avant de partir en déplacement, c'est un jean !* » Voici la consigne que m'a donnée Fred Fauthoux. Le pull ou la chemise, ce n'était pas le plus important. Mais il fallait impérativement avoir un pantalon pour rentrer dans les boîtes. Le match n'occupait que le début de la soirée. Après quelques verres, selon Fred, je parlais « *de plus en plus vite* » et « *avec une voix de plus en plus aiguë* ».

À plusieurs reprises, nous avons enchaîné les soirées et les entraînements dans la foulée. La fatigue n'existait pas pour Boris, Mike et moi. Nous étions jeunes, insouciants et, physiquement, même après une nuit blanche, nous restions très performants sur le parquet. Personne n'a jamais déploré nos soirées, nos fêtes car nous répondions toujours présent le jour suivant.

De toute façon, Fred Fauthoux nous avait clairement prévenus : « *Personne n'a le droit de se plaindre le lendemain matin lorsqu'il faut aller à l'entraînement. Les excuses, la fatigue, le mal de tête ne sont pas autorisés. On sort, mais on assume. Puis on la ferme et on court sur le terrain.* »

Je n'avais pas le choix. À l'entraînement, je devais toujours être à cent pour cent de mes moyens car, parfois, ça tournait mal. Les anciens voulaient se faire respecter. Un jour, j'ai traversé la raquette sans faire attention au ballon. Thierry Gadou me l'a balancé exprès sur la tête : « *La prochaine fois que tu couperas, tu regarderas la balle !* »

Il était très sérieux. Moi, j'étais furieux. Mais il avait raison, je n'ai rien dit et j'ai retenu la leçon. Plusieurs fois, j'ai pris de sales coups. Comme le jour où j'ai collé Thierry comme une sangsue en défense. Il m'a mis un sacré coup de coude sur le nez. J'ai saigné, j'étais sonné. Mais je me suis relevé, sans me plaindre. Je n'ai pas bronché, je l'ai uniquement défié du regard. Droit dans les yeux. Hors de question d'abandonner. C'était ma façon à moi de me révolter. Je suis tout juste sorti quelques secondes pour que l'on me mette du coton dans les narines et je suis reparti.

Entre Thierry Gadou et moi, c'était toujours la guerre. Nous jouions au même poste et je pense qu'il se sentait menacé. Il voulait marquer son territoire à sa façon. Mais j'étais préparé. Thierry n'est pas un joueur « gentil » durant les matchs. À l'entraînement, c'est la même chose. Mais il ne me faisait pas peur et je n'ai jamais reculé. Au contraire, son attitude me motivait et me poussait vers le haut.

Les frères Gadou et Fred Fauthoux étaient intouchables à Pau-Orthez. Ils m'ont appris énormément de choses. Notamment, le vice. Ils étaient les maîtres dans ce domaine. À leurs côtés, j'ai progressé, découvert le basket de haut niveau, mais aussi les petites vacheries.

Lors d'un déplacement à Limoges, en bus, nous nous sommes arrêtés sur l'autoroute pour nous dégourdir les jambes. J'étais mort de faim mais je n'avais pas de monnaie pour le distributeur d'en-cas. J'aperçois alors Didier Gadou avec deux Snickers.

« Didier, tu pourrais m'en donner un, s'il te plaît ?

– Et moi, je mange quoi après ? » m'a-t-il très sérieusement rétorqué.

J'étais scotché. Je ne m'y attendais pas du tout ! Moi, à sa place, j'aurais partagé. Du coup, je n'ai plus jamais osé lui demander quoi que ce soit.

Durant ces longs déplacements en bus, j'ai appris à jouer aux cartes. À la belote et, surtout, aux tarots. Une tradition paloise qui nous a permis de nous intégrer plus facilement au groupe. Nous avons même gardé cette habitude avec l'équipe de France. À l'époque, seuls les Américains écoutaient de la musique.

La tactique était très simple : tous contre les Piétrus. Ils se liguaient pour nous battre. Lorsque nous nous imposions, nous pouvions être très lourds ! Nous les vannions pendant plusieurs jours. Nous n'arrêtions pas de les chambrer et ça les énervait au plus haut point. Les parties étaient acharnées et duraient trois ou quatre heures. Fred Fauthoux, Didier Gadou et Lolo Foirest étaient vraiment très forts.

Nous jouions également au Uno. Mais avec Mike, c'était l'horreur. La triche est pourtant une habitude paloise, mais mon frère dépassait tout le monde. Même moi, je déteste jouer avec lui. Avant de distribuer les cartes, il arrive toujours à glisser la meilleure sous son pull. Il ne supporte pas la défaite, c'est maladif.

Tous les deux, nous nous lancions de multiples défis. Au début – même sans échauffement – ou à la fin de l'entraînement, nous organisions des concours de smashs ou de shoots. Mais Mike trouvait toujours un moyen pour recommencer. Il affirmait que j'avais le pied sur la ligne ou inventait une autre excuse. Lors des matchs, nous avions établi notre barème personnel : celui qui inscrivait le moins de points payait le repas. Cela allait du restaurant après la rencontre, jusqu'à l'ensemble des repas durant une semaine.

Malgré notre talent et notre nouvelle popularité, nous devions suivre les règles instaurées par nos aînés. En tant que « jeunes » de l'équipe, nous bénéficions d'un bizutage en continu. Lors de chaque déplacement, je devais porter les sacs des Gadou ou de Fauthoux. De la salle, au départ, jusqu'à la chambre d'hôtel, à l'arrivée. Aucune discussion n'était envisageable. La culture du respect à la sauce paloise.

V

PREMIERS TITRES

Parfois, une vie ne tient qu'à un fil. La mienne a failli basculer avant de fêter mes dix-huit ans. Vasco Evtimov, un pivot franco-bulgare, futur international tricolore, avait quitté l'université américaine de North Carolina, connue pour avoir formé Michael Jordan, et rejoint Pau pendant quelques mois avant de retourner aux États-Unis.

Étant constamment en contact avec son ex-coach universitaire, il nous a fait part, à Mike et moi, de l'intérêt de North Carolina : « *Vous m'avez impressionné à l'entraînement et j'en ai parlé à mon ancien entraîneur qui aimerait vous voir. Est-ce que ça vous intéresserait d'aller jouer au basket là-bas ?* »

Nous étions emballés ! Aller aux États-Unis, dans la fac qui avait vu grandir mon joueur préféré, aurait pu être génial. Cette perspective nous faisait rêver. Mais il y avait deux problèmes. *Primo*, nous touchions déjà un salaire. Le règlement de la Ncaa – le championnat universitaire américain – interdit à ses joueurs de gagner de l'argent avec le basket. Cette mesure est valable également pour les jeunes étrangers qui débarquent dans les universités américaines. Si North Carolina nous avait accueillis, nous aurions pu être suspendus en raison de notre passé palois. *Deuxio*, le club a opposé son veto. Claude Bergeaud et Pierre Seillant ne voulaient pas nous laisser partir.

Mon histoire s'est donc écrite à Pau-Orthez. Parmi tous mes camarades des « espoirs », j'ai été le premier à rejoindre le groupe

« pro », lors de la saison 1999-2000. L'équipe était dirigée par Claude Bergeaud qui avait pris la succession de Jacques Monclar presque deux ans plus tôt. Mais je ne jouais pas beaucoup, je cirais surtout le banc. J'apprenais. Devant moi, sur le même poste, à l'aile, il y avait Stéphane Risacher, un international français, mais aussi une pléiade de stars : Vincent Masingue, Ronnie Smith, Róbert Gulyás et, bien sûr, les Gadou et Fauthoux. Que des grands noms du basket.

L'Élan venait de remporter le titre de champion de France, les deux saisons précédentes, mais le triplé n'a pas eu lieu. Malgré l'arrivée de Mike en cours d'année, le club a été éliminé en demi-finale des play-offs par Limoges, mais aussi au premier tour de l'Euroligue. Une saison presque ratée. Peut-être un mal pour un bien, car à l'origine d'une grande aventure.

« *Ce sera une année de transition, on va faire confiance aux jeunes.* » Voilà le discours du coach Claude Bergeaud et de Pierre Seillant quelques semaines plus tard, à l'aube de la saison 2000-2001. Le président s'était un peu protégé en prononçant ces quelques mots, guère ambitieux, aux supporteurs et aux médias. Il avait préféré rester prudent pour éviter une désillusion. « *En fait, avec les différents titres accumulés les années précédentes et les nombreuses primes versées, nos finances n'étaient pas au mieux. Il fallait alléger la masse salariale*, m'a expliqué Pierre Seillant quelques années plus tard. *On visait tout juste les play-offs.* »

Claude et lui n'avaient donc pas de gros objectifs.

Le club voulait prendre un nouveau virage et s'appuyer sur sa formation. Avec Boris Diaw, Artur Drozdov et les frères Piétrus, l'Élan béarnais comptait sur ses quatre jeunes talents pour prendre en main, petit à petit, l'équipe professionnelle, tout en participant, en parallèle, à leur propre championnat avec les « espoirs ».

Parfois, lors des matchs les plus importants, face à Cholet ou Dijon notamment, nous allions donc renforcer l'équipe de nos amis, le samedi à 17 heures, avant d'enchaîner à 20 heures avec les « pros ». Un cas unique en France. Au cours des deux rencontres, nous débutions dans le cinq majeur. Au sein des « espoirs », nous formions une vraie *Dream Team.* Nous étions injouables et avons décroché, en fin de saison, le titre de champion de France.

Avec les « pros », j'ai découvert le Roumain Gheorghe Mureşan, un ancien joueur NBA. Un homme impressionnant qui mesurait deux mètres trente et un ! Le plus grand joueur de l'histoire la Pro A. Un géant ! Il avait déjà effectué plusieurs saisons à Pau, quelques années plus tôt, avant d'y revenir pour la fin de sa carrière. Je n'avais jamais vu quelqu'un d'aussi grand. À ses débuts, lors d'un match d'Euroligue, il nous a même fait remporter la rencontre en inscrivant un panier, dans la raquette, dans les toutes dernières secondes. Sans sauter !

Mais j'ai failli me battre avec lui. Lors d'un entraînement, un exercice de shoots à trois points, il est sous le panier pour me passer la balle et moi, je dois faire les allers-retours entre le milieu de terrain et la ligne à trois points. À chaque fois, il me balance la balle trop tôt. Cela commence à me gonfler mais je ne dis rien. Je préfère rester silencieux et ne pas m'énerver. Lorsque nous inversons les rôles, je fais donc pareil. Mais il n'apprécie pas du tout. Surtout qu'avec sa taille il est très lent et a du mal à se déplacer.

« *Qu'est-ce que tu fais ?* me dit-il, très énervé.

– *Je te fais les mêmes passes que toi !* »

Il s'approche de moi et me pousse avec ses deux énormes mains. En guise de réplique, je lui mets une claque. Ça risque de dégénérer. Je pars en courant, j'ai peur de me prendre une droite. Mike traverse immédiatement le terrain pour me protéger pendant qu'il essaye de me rattraper. Mes coéquipiers le retiennent, tentent de le calmer. Nous nous sommes, certes, un peu énervés, mais Gheorghe est un gars exceptionnel. Une très belle rencontre.

Un monstre à l'entraînement, doté d'une extrême gentillesse. Un bon vivant – mais radin comme pas possible, il faut bien l'avouer – qui rigolait tout le temps. Même lors des sprints ou des éprouvants exercices quotidiens que nous devions effectuer. Nous voyions bien qu'avec sa carrure il souffrait lors de chaque course, mais il ne cessait de répéter avec le sourire : « *I like that shit !* »

Il me faisait marrer lorsqu'il montait dans sa voiture, une Saab. Son véhicule était spécialement aménagé pour sa taille de géant. La banquette arrière avait été retirée et des rails ajoutés pour reculer davantage son siège.

Notre président n'imaginait pas en ce début de saison qu'il possédait au sein même de son club quatre jeunes morts de faim. Pau-Orthez ne gagnerait rien ? Surtout pas un titre de champion de France ? Tout le monde s'est planté. Pierre Seillant le premier. Dès le premier match, face à Chalon-sur-Saône à domicile, la victoire n'a souffert aucune contestation. La machine était lancée et notre « *French Team* », comme tout le monde l'appelait, puisqu'elle était composée essentiellement de joueurs français, a surpris tous les observateurs, même nos adversaires. Seule l'Asvel de Lyon-Villeurbanne, avec Yann Bonato, Laurent Sciarra, Laurent Pluvy, Jim Bilba, Zakhar Pachoutine ou encore Bill Edwards, a largement pris l'ascendant sur nous en finale de la Coupe de France.

Cette « Green Team », son surnom, nous a devancés au terme de la saison régulière. Mais avec seulement huit défaites en trente matchs, nous ne comptions pas nous arrêter en si bon chemin. En play-offs, nous avons éliminé Chalon-sur-Saône au premier tour, puis Le Mans en demi-finale. En finale, rebelote, avec l'Asvel. Mais cette fois-ci, nous étions sur nos gardes. Après une victoire pour chaque équipe, nous nous sommes retrouvés à l'Astroballe, dans leur salle, pour disputer cette dernière rencontre décisive. Nous avons accompli l'exploit : battre le grand favori du championnat sur son parquet ! Une énorme surprise !

La folie s'est emparée de notre vestiaire à la fin du match. Tout le monde hurlait et chantait : « *Année de transition !* » On chambrait le président et Claude Bergeaud qui n'avaient pas imaginé un seul instant, quelques mois plus tôt, vivre une telle scène.

Cet exploit n'était pas qu'un feu de paille. La saison suivante, avec quasiment le même effectif, nous avons à nouveau répondu présent. Mais avec un scénario inversé. Nous avons chipé la première place de la saison régulière à l'Asvel, avant de retrouver ce même adversaire en finale. Quelques semaines plus tôt, on venait justement de le dominer au Palais omnisports de Bercy et d'offrir au club la première Coupe de France de son histoire. Mais en finale du championnat, les Villeurbannais ont pris, comme nous la saison précédente, leur revanche. Une énorme déception.

Après une première défaite dans notre salle, Boris a l'occasion de renverser la situation et de nous offrir une troisième manche décisive lors du match retour. Nous sommes menés (65-64) à quelques secondes de la fin et Boris a la balle de match entre les mains. Il pénètre dans la raquette mais est gêné par Nikola Vujčić, un génial pivot croate. Son petit shoot à deux mètres du panier, au *buzzer*, ne trouve pas la mire. Maigre consolation : je suis élu meilleur défenseur de Pro A et Boris, meilleur espoir…

L'affront a rapidement été digéré. Et un an plus tard, ce fut l'apothéose. La meilleure saison de ma carrière. Individuellement et collectivement. Aucune équipe, dans l'histoire du basket français, n'avait à ce point dominé. Nous, les jeunes, avions mûri et acquis beaucoup d'expérience. Nous étions affamés. Dès la mi-saison, nous remportions la première Semaine des As, qui se déroulait à Pau, face au Havre. Puis, nous décrochions une deuxième Coupe de France, face à Gravelines cette fois-ci. L'appétit venant en mangeant, nous n'étions pas encore rassasiés.

En ce printemps 2003, nous pensions vivre, Mike, Boris et moi, nos dernières semaines avec Pau-Orthez. Notre talent et nos envies nous poussaient hors des frontières de l'Hexagone. La NBA nous titillait. Les offres affluaient. Mais nous voulions partir en beauté et marquer l'Histoire.

En trente rencontres de championnat, nous n'avons concédé que trois défaites. Nous avons même enchaîné quinze victoires consécutives. Rod Sellers, Dragan Lukovski, Kyle Hill, Cyril Julian, Fred Fauthoux, Artur, Boris, Mike et moi, nous nous sentions quasi invincibles. L'ambiance, au sein du groupe, était au beau fixe. Nous étions à la fois relâchés et euphoriques. Un jour, à Zagreb, quelques heures avant un match d'Euroligue, nous en avons même profité pour réaliser un concours de dunks digne des plus grands All-Star Game américains. Kyle Hill, Boris – qui à l'époque avait une détente incroyable –, Mike, Artur et moi avons martyrisé le cercle, devant nos coéquipiers médusés au bord du terrain. Finalement, Artur l'a emporté avec un rider en lançant sa balle derrière la planche. Je n'imaginais pas qu'un joueur blanc puisse sauter aussi haut.

Pour la troisième saison consécutive, un affrontement face au Villeurbanne d'Evtimov, Giffa et Gulyás nous attendait en finale de Pro A. Une série acharnée. Lors du match aller, la victoire avait été aisée (95-73), mais au retour, nous avons pris une correction (102-78). Nous ne nous y attendions pas. Dans notre Palais des sports pour la troisième et dernière rencontre, nous n'avons pas tremblé : 74-66 ! Ce deuxième succès fut le plus beau. Ma sœur, Régine, avait fait le déplacement depuis la Guadeloupe pour nous encourager. L'ambiance était magique et l'émotion inoubliable.

Cette saison 2002-2003 a également vu l'avènement d'un joueur extrêmement polyvalent : Boris Diaw. Présent aux rebonds, à la passe, à la mène ou à l'intérieur, il a réussi l'exploit de décrocher le titre de MVP français du championnat en ne marquant que sept points de moyenne par match ! Du jamais vu !

Ce titre, nous l'avons dignement fêté à domicile. Le public a envahi le parquet. Dans le jacuzzi installé dans le vestiaire, le champagne coulait à flot. Puis, nous avons passé la nuit dans une nouvelle boîte qui venait d'ouvrir. Le lendemain après-midi, nous avons paradé dans la ville avant de présenter le trophée aux supporteurs, devant la mairie.

Deux ans plus tôt, les choses avaient été très différentes. Avant de retrouver nos fans, à Pau, nous avions dû rentrer de Villeurbanne. Aucune ligne aérienne ne proposait de vols le soir même. Nous sommes donc montés dans le bus, directement après notre victoire. J'imaginais un retour plutôt calme. C'était mal connaître les fêtards de l'équipe. Rapidement, le bus s'est arrêté, au milieu de la nuit, sur une aire d'autoroute. Les anciens ont dévalisé la boutique et ont ramené plusieurs packs de bières. Tout le monde a chanté. Nous avons eu droit au célèbre *Paquito*, dans l'allée centrale du bus, mais aussi aux chants locaux comme *La Marche landaise*. Puis chacun a entonné son hymne national et nous n'avons pas arrêté de chambrer Jacky Commères, l'assistant de Claude Bergeaud, avec la chanson *Jacky, ta 4L, elle est pourrie*.

Lors de notre arrivée à Pau, aux alentours de 5 heures, plusieurs centaines de supporteurs nous attendaient devant Le Béarnais, le bar historique du club, notre fief jusqu'à sa fermeture il y a quelques années. La fête fut à la hauteur de notre exploit : majestueuse. Personne n'espérait un tel triomphe. Après une nuit blanche, j'ai à peine eu le temps de me changer avant d'embarquer, avec Mike et le trophée, dans une décapotable. Nous nous sommes pavanés dans une ville noire de monde, comme la reine d'Angleterre. Impossible d'avancer. Les rues étaient bouchées, les supporteurs nous félicitaient, même de leur fenêtre. Inoubliable.

VI

LA NBA : UN RÊVE MANQUÉ

Le grand départ était fixé durant l'été 2003. Mais le scénario que j'avais en tête ne s'est pas déroulé exactement comme je l'espérais. Mike et Boris ont bien rejoint les États-Unis, un contrat NBA dans la poche mais moi, je suis resté sur le quai…

Dès nos premiers mois avec l'équipe professionnelle, en 2000, de nombreux recruteurs NBA ont commencé à s'intéresser à nos performances. Nous les voyions régulièrement à l'entraînement et durant les matchs.

Lorsqu'ils étaient présents, l'attitude de Boris était très drôle. D'ordinaire assez nonchalant, il changeait totalement de comportement dès qu'un superviseur s'asseyait en tribunes. Ses petites passes molles disparaissaient comme par magie. Il se transformait, devenait vif, percutant. Ce n'était plus le même joueur.

Jacky Commères, l'assistant de Fred Sarre, qui venait de prendre la succession de Claude Bergeaud au poste d'entraîneur durant l'été 2002, griffonnait toujours plein de notes. Un jour, nous nous sommes approchés de son classeur : « *Recruteurs dans les tribunes. Boris : entraînement super.* » Avec Mike, nous avons explosé de rire.

Les superviseurs et recruteurs NBA, quelles que soient les équipes, squattaient les sièges du Palais des sports. Toutes les semaines. Ils n'étaient pas les seuls. Les grands clubs européens nous suivaient aussi attentivement. Nous avons même failli quitter Pau-Orthez pour l'Espagne, Mike et moi. Le club de Valence souhaitait engager Claude Bergeaud au printemps 2001 et nous prendre dans ses bagages. Mais cela ne s'est pas fait et nous sommes restés en Pro A.

Le fonctionnement de la NBA m'était complètement étranger. Boris a dû m'expliquer le système de la *draft*, cette loterie qui permet aux équipes les plus faibles de la saison précédente de recruter, en premier, les joueurs de leur choix.

Au fur et à mesure, je me suis pris au jeu. Je rêvais. Non pas de grosses voitures, de villas ni de contrats de plusieurs millions de dollars. Je rêvais d'affronter les meilleurs joueurs du monde. Je n'avais pas encore conscience de la puissance financière de cette ligue fermée, de son environnement, de ses avantages, de ses salaires. Personne ne pouvait me le raconter : à l'époque, Internet était très peu répandu et les reportages à la télé se limitaient aux simples résultats. Seul Tony Parker, une fois arrivé en NBA en 2001, a pu me décrire cette vie américaine.

Mais en cette fin de saison 2003, ma cote se dépréciait semaine après semaine. Les avis négatifs se multipliaient. Selon les recruteurs, ma taille posait problème. Ne mesurer que deux mètres ne plaidait pas en ma faveur, surtout pour jouer dans la raquette. Pour eux, j'étais trop petit. Il me manquait trois ou quatre centimètres pour rivaliser avec les intérieurs NBA. Mes supporteurs, pourtant, me citaient l'exemple de Malik Rose, un intérieur des Spurs de San Antonio. Nous partagions le même poste et avions la même taille. Cela ne l'a pas empêché de décrocher deux titres NBA, en 1999 et 2003. Udonis Haslem, un intérieur américain, passé par Chalon-sur-Saône lors de la saison 2002-2003, puis plusieurs fois champion NBA avec Miami, croyait lui aussi en moi : « *Tu as ta place en NBA. Tu devrais y aller !* »

Le soir de cette *draft*, qui se déroulait à New York le 26 juin 2003, nous étions tous devant notre ordinateur, chacun dans son

La seule photo
que j'aie de mon père
et ma mère ensemble.
Avec mon petit frère Mike
à l'occasion
de son baptême.

Le jour de ma première communion. De haut en bas, et de gauche à droite : ma cousine Vanessa, ma sœur Kelly, mes cousines Cynthia et Marie-France, ma sœur Régine, mes cousines Lindsay et Moïse, mon petit frère Mike, mon cousin Cédric et moi.

Ma grand-mère,
Sylvie, qui nous
a élevés après
le décès
de notre mère.

Juste avant d'aller à l'église, avec mon frère Mike (à gauche) et mon cousin Cédric (à droite).

Équipe de France cadets. Lors du championnat d'Europe 1997 en Belgique, avec Frédéric Miguel (sur la pelouse à mes côtés) et Paccelis Morlende (debout).

8 mai 2003. Avant la finale de la Coupe de France avec Pau-Orthez remportée au Palais omnisports de Bercy face à Gravelines (82-74). Devant moi, Mike avec, à sa droite, Boris Diaw. À ma gauche, Artur Drozdov, et à ma droite Fabien Dubos. Le deuxième titre de notre saison, quelques semaines avant celui de champion de France !

Mike, Jacky Commères, l'assistant de Fred Sarre, et moi après ce nouveau sacre face à l'Asvel.

Lors de la saison 2005-2006, sous le maillot de l'Unicaja Málaga. De gauche à droite : Marcus Brown, Daniel Santiago et Bud Eley, que je ne laisse pas approcher du panier. Le contre, une de mes spécialités !

Titre de champion d'Espagne acquis en juin 2006, un an après avoir conquis la Coupe du Roi.

Avec ma femme, Christelle, en 2006, à Puerto Banús, à Marbella.

En 2006,
avant le championnat
du monde en Turquie,
sous le maillot
de l'équipe de France.
La dernière compétition
internationale avec mon
petit frère à mes côtés.

Tony avec mon fils Illan
à Divonne-les-Bains,
en 2007, lors de la préparation
pour le championnat
d'Europe en Espagne.

Avec Mickaël Gelabale, mon compagnon de chambre, lors d'un stage de préparation à Strasbourg, quelques jours avant les JO 2012.

Slovénie, Euro 2013. Juste avant le début de la compétition, avec Boris Diaw, Mickaël Gelabale et Johann Petro.

De retour en Pro A depuis septembre 2013, avec le maillot du SLUC Nancy Basket.

Champion d'Europe avec Tony !

Les photos sont issues de la collection privée de l'auteur, sauf mention contraire.

appartement, au milieu de la nuit en raison du décalage horaire. Nous ne nous sommes pas réunis pour suivre l'événement. À cause du stress, certainement.

Je n'étais pas très optimiste, mais j'avais encore un petit espoir. Paco Belassen, l'agent qui s'occupait de mes intérêts aux États-Unis, m'avait dit quelques heures plus tôt que les Kings de Sacramento pourraient me choisir lors du deuxième tour. Un contrat, réservé aux joueurs sélectionnés lors du premier tour, n'était pas garanti, mais j'aurais eu l'opportunité de faire mes preuves.

J'ai donc suivi attentivement ce premier tour. Une *draft* incroyable. LeBron James a été choisi en première position par Cleveland. Puis Carmelo Anthony, Chris Bosh et Dwyane Wade en n°s 3, 4 et 5. Des joueurs qui allaient tous devenir des superstars quelques mois plus tard. Certainement la *draft* la plus dense de l'histoire !

En onzième position, j'aperçois le nom de Mickaël Piétrus, choisi par les Warriors de Golden State. À la vingt et unième place, Boris Diaw qui file chez les Hawks d'Atlanta. Vient ensuite le second tour. Rien. Toujours rien. Le nom de Florent Piétrus n'apparaîtra jamais.

La déception était immense. J'avais l'impression d'avoir démontré l'étendu de mon talent en Euroligue, la meilleure ligue d'Europe. En France, j'avais tout gagné. J'étais un joueur majeur du meilleur club de l'Hexagone. Je méritais cette place en NBA. J'en étais certain.

Dans ma chambre, seul, j'ai pleuré. Je n'arrivais pas à encaisser cette nouvelle. Je repensais aux phrases de Claude Bergeaud, toujours au club même s'il ne dirigeait plus l'équipe, qui m'assurait que j'étais indispensable. Selon lui, le meilleur joueur du trio, ce n'était ni Mike ni Boris. J'étais dégoûté.

La journée suivante a été douloureuse. Tout le monde a félicité Mike et Boris. J'étais fier d'eux, heureux, mais je n'avais pas encore digéré cette sale soirée. Je n'attendais qu'une seule chose : que l'entraînement se termine pour rentrer à nouveau chez moi. Cette ambiance festive était dure à vivre. Je suis resté assez silencieux. Presque anéanti. Alors que nous étions en train de préparer le dernier match de la finale du championnat de France, face à Villeurbanne, j'en voulais au monde entier. Aux recruteurs qui ne m'avaient pas fait confiance. À mon encadrement, mon staff de Pau-Orthez de ne pas m'avoir fait jouer au poste d'ailier. Si cela avait été le cas, ma taille n'aurait posé de problèmes à personne. Mais positionné dans la raquette, malgré mon agressivité et mes qualités athlétiques, certains clubs n'ont pas osé prendre le risque de me recruter. Ah ! si seulement dame Nature m'avait donné trois ou quatre centimètres supplémentaires...

À nos débuts, lorsque notre trio s'est révélé, le staff m'a décalé à l'intérieur pour faire un peu plus de place à Boris et Mike. J'ai accepté sans broncher. Inconscient que cette décision aurait des conséquences négatives sur mon avenir aux États-Unis. Quelques mois avant cette *draft*, Paco Belassen a pourtant insisté auprès de Fred Sarre pour me changer de poste. En vain. Je me suis donc sacrifié sans le savoir pour mon équipe, mon frère et Boris.

Fred m'avait cependant laissé une chance quelques mois avant la *draft*. Au printemps 2003, alors que nous possédons plusieurs points d'avance sur notre dauphin en championnat, le coach m'autorise à me rendre aux États-Unis pour tenter de convaincre certaines franchises. Juste avant les play-offs, je peux donc réaliser deux essais, à Chicago puis à Cleveland. À Chicago, dans ma chambre d'hôtel, je découvre plusieurs fiches à remplir. Je dois répondre à une dizaine de questions parfois absurdes : quelle couleur aimes-tu ? Est-ce que tu fumes ? Quel genre de musique écoutes-tu ? Tout est en anglais, ce n'est pas évident à comprendre. Je ne suis pas encore à l'aise avec cette langue.

Le lendemain matin, un membre de l'encadrement des Bulls me récupère en voiture pour me conduire à l'extérieur de la ville, dans les bois, au complexe d'entraînement du club. Les infrastructures, le logo affiché sur tous les murs, sont impressionnants. Je découvre un autre monde. Mais mentalement, je ne suis pas prêt. J'y vais un peu à la légère. Dans ma tête, peut-être suis-je trop confiant, trop serein, sûr de mes qualités et de mes forces. Je suis pourtant dans les locaux des Bulls, le club de mon enfance, celui de Michael Jordan, mon idole. L'instant est historique. Mais je ne démontre pas tout mon potentiel. Je ne suis pas à cent pour cent de mes capacités, je redoute une blessure et une fin de saison compromise. Surtout que des matchs décisifs se profilent avec mon club.

Tout seul sur le terrain, je dois effectuer une série de sauts, de shoots et de courses. Ensuite, un jeune Américain remonté à bloc m'attend pour un affrontement sous les yeux du staff des Bulls. Je suis surpris par son engagement. Il joue sa vie sur ces quelques minutes et je ne suis pas à la hauteur de l'événement.

À la fin de l'entraînement, tout se déroule très rapidement. Les dirigeants me posent à peine quelques questions. Ils veulent essentiellement cerner ma personnalité et parlent très peu de basket. Au bout de deux heures, exercices compris, tout est terminé : « *On va contacter ton agent.* »

On ne me dit rien de plus. Je file à l'aéroport, direction Cleveland. Rebelote : questionnaire, entraînement, même discours. Puis, je rentre dans la foulée à Pau. Je n'ai jamais eu une seule nouvelle de la part de ces deux clubs. Ma prestation n'a pas dû être très convaincante puisque ni les Bulls ni Cleveland ne m'ont retenu fin juin lors de la *draft*...

Lors de ce même été 2003, bien qu'aucune équipe ne m'ait sélectionné, je n'avais pas dit mon dernier mot. Il me restait encore une infime chance de débuter la saison NBA. Pour ce faire, je devais impressionner les recruteurs lors des Summer League, ces compétitions estivales aux États-Unis qui réunissent notamment d'autres jeunes joueurs non sélectionnés et ceux qui ne disposent plus de contrat NBA. Tout le monde a donc le même but : briller. Mais j'ai détesté cette expérience. Ce n'était tout simplement pas du basket. En tout cas, pas celui que j'apprécie.

Paco Belassen avait convaincu les Suns de Phoenix de me tester pendant quelques jours lors de la Summer League de Los Angeles. Pendant deux semaines, j'ai vécu un calvaire. Chacun tentait de tirer la couverture à soi. Cela pouvait paraître logique, puisque c'était avant tout une session de recrutement mais, à mes yeux, ce basket était ridicule. Du grand n'importe quoi. Dans mon équipe, il y avait Leandro Barbosa, l'arrière brésilien qui venait d'être *drafté*, mais aussi Joe Johnson, qui n'avait pas encore renouvelé son contrat avec les Suns. Toutes les balles passaient par leurs mains. Moi, je me contentais d'allers-retours.

J'étais persuadé que les recruteurs s'intéressaient à autre chose qu'aux points marqués et aux statistiques. Je me trompais lourdement. Pour avoir une chance, il n'y avait qu'une solution : prendre le ballon et shooter.

L'année suivante, même si j'avais été dégoûté par cette première expérience, j'ai malgré tout retenté ma chance avec San Antonio, lors d'une Summer League à Salt Lake City, dans l'Utah. Je pensais que les Spurs, une équipe très disciplinée, au style de jeu européen, plus académique et moins perso, me conviendraient mieux. Effectivement, le jeu collectif était davantage privilégié, mais je n'ai pas eu l'occasion d'y démontrer mes qualités. Je n'ai quasiment pas joué. J'ai ciré le banc de touche avec Thierry Zig, un autre Français. Une nouvelle fois, ce voyage m'a écœuré. Je me sentais dévalorisé alors que toute l'année, en Euroligue ou en équipe de France, j'affrontais les meilleurs joueurs européens et mondiaux.

J'ai alors pris une décision : refuser toutes les propositions de participation à ces Summer Leagues. Elles me paraissaient inutiles. J'avais l'impression de perdre mon temps et de ne pas pouvoir démontrer l'étendue de mon potentiel. Mais avec le recul, aujourd'hui, j'ai quelques regrets. Mon état d'esprit n'était pas adapté à cet environnement. J'aurais dû penser un peu plus à moi lors de ces ligues d'été, m'impliquer davantage. Peut-être aurais-je pu impressionner alors quelques franchises NBA.

Durant l'été 2009, j'ai eu un nouvel espoir. Larry Brown, le coach des Bobcats de Charlotte, le club de Boris Diaw, a rejoint le staff de l'équipe de France en vue de l'Euro en Pologne. Pendant la préparation, à Vichy, il s'est dit impressionné par mon jeu. Il a même posé plusieurs questions à Boris concernant ma situation contractuelle. J'ai retrouvé toute cette excitation connue quelques années plus tôt. Mon frère, Boris, Tony, Ronny Turiaf, Mike Gelabale, qui jouaient tous en NBA, ne cessaient pourtant de me répéter la même chose : « *Tu as largement le niveau !* »

Larry Brown n'est jamais venu me parler directement. Tout transitait par Boris, puis par mon agent. La presse s'est même emparée de l'histoire et cela a créé un petit buzz. Mais finalement, rien ne s'est concrétisé. L'entraîneur de Charlotte souhaitait me revoir durant le stage de pré-saison en octobre. Étant sous contrat avec Valence, je n'avais pas d'autre alternative que de refuser la proposition de Larry Brown ou rompre mon engagement en Espagne. Le dilemme était cornélien, mais je me devais d'être lucide. Même si mon rêve semblait tout proche, aucun contrat ne m'était garanti au terme de ces trois semaines d'entraînement. Je devais penser à ma famille, quitte à laisser cette opportunité s'envoler.

J'ai pourtant vécu une carrière NBA par procuration. Grâce à mon petit frère. Même si je ne pouvais pas rencontrer tous les jours les meilleurs joueurs du monde, je partageais, quasiment au quotidien, la vie de Mike. Nous nous appelions tout le temps, nous nous écrivions des mails, des SMS. Il me parlait de son environnement, des hôtels magnifiques, des avions gigantesques, des salles énormes, etc. Il m'a également raconté des histoires incroyables.

Lors de sa première saison avec les Warriors de Golden State, les anciens lui offraient chaque jour les 150 dollars donnés par le club pour leurs repas quotidiens. Ils n'avaient pas conscience de la valeur de l'argent et le dépensaient en montres et voitures de luxe. Dans l'avion, lorsqu'ils partaient en déplacement, certains joueurs, Baron Davis notamment, pariaient des sommes astronomiques, parfois jusqu'à cinq chiffres, au cours d'une simple partie de cartes.

Je n'ai pu voir mon frère qu'une seule fois aux États-Unis, fin mai début juin 2009. Je venais de terminer prématurément ma saison à Valence après une défaite au premier tour des play-offs et, deux jours après, j'embarquais pour Orlando, le nouveau club de Mike. Je me suis même fait engueuler par mon président. Il pensait que je n'avais la tête qu'aux vacances, que j'avais réservé mon billet avant notre match. Mais il aurait pu dire ce qu'il voulait, je serais quand même parti.

Avec le Magic d'Orlando, Mike vient de se qualifier pour la finale de la Conférence Est, face à Cleveland. Dès que je m'approche de la salle, je prends conscience de l'événement. Tout est démesuré. J'assiste à un incroyable défilé de voitures : Bentley, Mercedes, Rolls-Royce… Un monde à part ! Dans les vestiaires, les joueurs sont traités comme des rois. En tribunes, je suis subjugué. Au moindre temps mort, les spectacles s'enchaînent. Je ne sais plus où donner de la tête. De nombreuses célébrités ont pris place à mes côtés, dont Chris Tucker. J'immortalise ce moment ! Un vrai gamin ! Pour la première fois de ma vie, j'assiste à un match de basket d'une telle importance. Surtout, avec mon frère sur le parquet !

Sur le terrain, Mike me sourit. Il défend face à LeBron James, le meilleur joueur du monde, tout juste élu pour la première fois MVP de la saison régulière ! Je m'imagine à sa place, je meurs d'envie de le remplacer. J'aurais peut-être pu enfiler un maillot et me faire passer pour lui. En ville, notre ressemblance avait déjà trompé certains supporteurs du Magic. Personne ne savait qu'il avait un frère. La veille de l'une de ses rencontres, j'avais croisé dans un bar Charles Barkley. *La* légende. Certes, j'avais plus de chance de le croiser là que dans un spa, mais j'étais impressionné. D'autant qu'il avait cru me reconnaître : « *Hey Mike, mais t'as match demain ! Qu'est-ce que tu fous ici ?* »

Après la victoire d'Orlando – quatre manches à deux, face à Cleveland –, mon frère disputait sa première finale NBA face aux Los Angeles Lakers de Kobe Bryant, Lamar Odom et Pau Gasol. Apercevoir Kobe Bryant, à quelques mètres de mon siège... Impressionnant. Ce joueur est un extraterrestre. Au bout de trois ou quatre minutes de jeu, il avait déjà inscrit treize points. Une machine à « scorer », une machine à gagner !

À la fin d'un match, dans l'un des tunnels menant aux vestiaires, alors qu'il venait pourtant de marquer plus de trente points, il a félicité mon frère : « *Tu as regardé toutes mes vidéos, tu as étudié tous mes gestes, mes shoots. Tu m'as rendu la vie difficile. Mais ne t'inquiète pas, au prochain match, je reviendrai avec de nouveaux trucs.* »

En l'observant et en l'écoutant, j'ai halluciné. Il se sentait en mission. Il vivait vraiment dans un autre monde. Ce joueur est hors-normes, il a porté les Lakers jusqu'au titre avant d'être logiquement élu MVP des finales.

Qu'importe la déception pour mon frère, j'étais très fier de lui. Cela demeurera un souvenir inoubliable.

Pour l'instant, ne pas évoluer en NBA reste la seule déception de ma carrière. Pour moi, cette ligue représente le sommet de la réussite, l'accomplissement d'un long travail. Je suis déçu, mais je ne m'en veux pas. Les quelques phrases de mes coéquipiers m'ont rassuré. Je pense que mes qualités de basketteur n'ont jamais été remises en cause. J'essaye d'être philosophe. Peut-être n'étais-je pas au bon endroit, au bon moment. Tout simplement.

Lorsque je regarde certains matchs à la télé, j'ai même l'impression d'y avoir toujours ma place. Parfois, lorsque des Américains viennent se relancer en Europe, après une expérience mitigée en NBA, je me pose des questions. Leur niveau n'est pas aussi élevé qu'on le pense. Loin de là. Mais il y aussi une règle à connaître : un Européen a toujours moins de chance qu'un Américain. Si ces deux joueurs sont en balance, les franchises privilégient le patriotisme.

En Europe, au moins, j'ai quasiment tout gagné. Un beau lot de consolation. Il ne me manque qu'un titre en Euroligue. Mais je n'ai jamais lâché mon rêve. La NBA demeure toujours dans un coin de ma tête. Je n'arrêterai d'y penser que le jour de ma retraite. Pas avant. Certes, le chemin paraît de plus en plus étroit mais, tous les matins, cet espoir me motive pour me rendre aux entraînements. Lorsque j'ai vu l'Argentin Pablo Prigioni quitter le Real Madrid à trente-cinq ans, durant l'été 2012, pour rejoindre les Knicks de New York, cela m'a redonné espoir. Tous les rêves sont permis.

VII

LA RECONNAISSANCE ESPAGNOLE

Fin de l'été 2003. Mes premiers rêves américains se sont donc envolés. Tout comme mon pote Boris qui a rejoint les Hawks d'Atlanta et mon frère qui a filé à Oakland, avec les Warriors de Golden State. Je suis tout seul à Pau, avec Artur Drozdov, autre rescapé de notre quatuor magique.

Je me sentais un peu perdu. Quelques mois plus tôt, je voulais partir. Mais dans ma tête, c'était très clair : la NBA et rien d'autre. Je n'avais donc étudié aucune autre proposition en Europe.

Retrouver le parquet de l'Élan fut plutôt étrange. Dès le début de la saison, je n'ai rien caché à mes dirigeants. Même s'il me restait encore deux années de contrat, je souhaitais quitter le Béarn au mois de juin. Après toutes ces victoires hexagonales, je ressentais le besoin d'un nouveau challenge.

Heureusement, j'ai fait la rencontre de Johan Petro, un jeune Guadeloupéen de dix-sept ans, déjà très doué. Il venait de cartonner en Nationale 1 avec l'Insep et le club avait décidé de l'intégrer dans l'effectif. Rapidement, grâce à nos origines communes, nous nous sommes liés d'amitié. Entre nous, nous parlions créole. Puisqu'il habitait encore chez ses parents, domiciliés à l'extérieur de la ville, il déjeunait à l'appartement et y faisait sa sieste quotidienne, avant notre entraînement de l'après-midi.

Johan se plaît à raconter cette année que nous avons passée ensemble, et un épisode plus particulièrement. « *Flo m'a énormément aidé. En quelque sorte, je comblais le vide affectif lié au départ de Mike. J'étais son deuxième petit frère et moi, je le considérais vraiment comme mon aîné. Parfois, le soir, nous allions dîner chez mes parents. On passait beaucoup de temps ensemble, notamment le week-end. On a également fêté Nouvel an, chez lui, avec nos familles réunies. Flo avait à peine bu une demi-coupe de champagne, alors que minuit n'avait même pas encore sonné, qu'il est devenu hystérique. Il sautait partout et rigolait pour n'importe quoi. Puis, quelques minutes plus tard, on l'a retrouvé affalé sur le canapé. Il ne supporte vraiment pas l'alcool. »*

Johan a raison, je dois l'admettre…

Sportivement parlant, je voulais terminer cette période paloise sur une bonne note. Cet objectif me tenait à cœur. J'étais devenu l'un des leaders de l'équipe. Je devais montrer la voie. Malgré le départ de Boris Diaw et Mike Piétrus, les ambitions du club n'avaient pas changé. Laurent Foirest avait signé son retour à Pau-Orthez et les dirigeants avaient recruté l'Américain Marc Salyers. Il y avait beaucoup d'attente autour de nous après le triplé magnifique que nous venions de réaliser.

La saison fut assez étrange. Malgré une qualification pour le Top 16 de l'Euroligue et une première place en championnat, Fred Sarre, notre coach depuis l'été 2002, a été limogé au mois de mars 2004. Didier Gadou, mon ancien coéquipier, qui avait arrêté sa carrière quelques mois plus tôt, l'a remplacé. Je respectais beaucoup cet entraîneur et cette décision m'a sonné. Je ne l'ai jamais comprise. Visiblement, il y avait des divergences entre lui et les dirigeants.

Finalement, même si nous avons été devancés par Le Mans en saison régulière, nous nous sommes ressaisis en play-offs, dominant largement Gravelines en finale. L'occasion pour Marc Salyers, un fou, surtout lorsqu'il est éméché, de se déshabiller et de tomber son t-shirt au Béarnais, le soir du titre. Il adorait s'exhiber, faire admirer ses pectoraux et draguer. Cette nuit-là, il ne s'en est pas privé et, le lendemain, nous avons défilé dans toute la ville, sur le toit d'un camion, pour d'émouvants adieux.

À la fin de la saison, durant l'été 2004, je suis tiraillé. Depuis quelques jours, je cire le banc avec le maillot de San Antonio, lors d'une Summer League. Dans ma tête, tout est clair : je ne signerai pas en NBA cette année.

Installé dans mon hôtel, au Texas, j'ai deux propositions entre les mains : l'une de l'Unicaja Málaga, l'un des cadors du championnat d'Espagne, un club en pleine ascension mais qui n'a encore rien gagné ; l'autre, de l'excellent Fortitudo Bologne en Italie.

J'avais impressionné ces équipes lors de deux rencontres disputées durant le Top 16 d'Euroligue, face au Fortitudo justement, futur finaliste de l'épreuve. Au match aller en Italie, j'ai réalisé mon record de points de la saison (vingt-deux) et d'évaluation (trente-trois) avant de les faire douter, à Pau, en match retour. Malgré la défaite (81-80), j'avais marqué dix-sept points et j'avais tapé dans l'œil de Sergio Scariolo, l'entraîneur italien de Málaga et futur sélectionneur de l'Espagne, présent dans les tribunes.

J'hésite. Les conditions financières sont similaires et je ne sais pas quelle décision prendre. Mon agent finit par me convaincre en évoquant la solidité du championnat espagnol et la qualité de vie ibérique. J'ai donc renvoyé le contrat. Par fax.

Après huit années passées à Pau, j'allais prendre un nouvel envol. Enfin. Pierre Seillant avait accepté de me libérer de ma dernière année de contrat en échange d'une indemnité financière payée par Málaga.

J'ai vingt-trois ans et beaucoup d'ambitions. Surtout, je suis sur un nuage. Je regarde ce contrat : mon salaire va doubler, la somme est énorme ! Largement au-dessus du meilleur contrat que l'on trouve en Pro A. Sans compter qu'en Espagne tout est net d'impôts. Le club se charge de régler le fisc. J'ai l'impression d'être le roi du pétrole.

Outsiders depuis plusieurs saisons, les dirigeants de Málaga avaient sorti le carnet de chèques pour avoir les meilleurs joueurs européens dans leurs rangs et stopper l'hégémonie du Real Madrid, de Vitoria et de Barcelone.

Petite parenthèse : nous étions malgré tout très bien lotis en France à l'époque. Les salaires étaient plus élevés qu'aujourd'hui. Il y avait de nombreux sponsors, des entreprises qui s'intéressaient au basket et de multiples retransmissions télévisées qui généraient beaucoup de rentrées d'argent.

Depuis, les rémunérations ont été revues à la baisse. L'argent se fait plus rare en Pro A. Aucun salaire, hors rares exceptions, ne dépasse les 20 000 euros mensuels et la plupart des revenus des bons joueurs du championnat se situent dans une fourchette comprise entre 10 000 et 20 000 euros, y compris les miens. Il y a cependant un avantage non négligeable : l'assurance d'être payé à la fin du mois. En Espagne, aujourd'hui, c'est une catastrophe. Et je ne parle pas de la Grèce ou d'autres pays de l'Europe de l'Est, où les rémunérations ne sont plus garanties. Beaucoup de clubs connaissent d'énormes difficultés financières et de nombreux joueurs sont dans l'obligation de les quitter en cours d'année.

Néanmoins, je ne suis vraiment pas à plaindre. En Espagne, j'ai très bien gagné ma vie même si, évidemment, ça n'a rien à voir avec les millions que touchent annuellement les grandes stars du foot ou certains joueurs NBA.

Revenons à Málaga. J'y ai vécu des années extraordinaires. Málaga, c'est les Antilles. Ou presque. J'avais l'impression d'être de retour en Guadeloupe, à la maison, avec la mer, la chaleur et les plages. Un paradis pour jouer au basket.

Je ne parlais pas l'espagnol, mais j'ai rapidement appris grâce à des cours. Je n'avais pas le choix. Durant les entraînements et les matchs, toutes les consignes étaient données dans la langue du pays. Rien en français, évidemment, mais pas davantage en anglais. Cela pouvait paraître étonnant à de nombreux étrangers, moi, je trouvais cela normal, voire enrichissant. En débarquant dans un pays, il me semble logique de s'adapter aux coutumes locales. C'est d'ailleurs ce que je reproche aux Américains de Pro A. Ils ne font pas l'effort de parler français et nos coachs ne les y encouragent pas. Ils débitent tous leurs discours en anglais. On leur facilite le travail et c'est à nous, les autres joueurs, de nous débrouiller pour qu'ils nous comprennent. Dommage.

Mes cours d'espagnol ne m'ont d'abord pas servi à grand-chose. À l'entraînement, je ne pigeais rien. Au bout de quelques semaines, j'ai saisi mon problème : ma prof était Argentine, les mots qu'elle employait étaient différents de ceux que j'entendais au quotidien. Finalement, j'ai arrêté les leçons et j'ai progressé au contact de mes coéquipiers.

Sur le parquet, il y avait beaucoup de concurrence et de grands joueurs, notamment Stéphane Risacher que j'avais connu lors de ma première saison professionnelle en 1999-2000, ou encore l'international espagnol, Jorge Garbajosa, qui occupait le même poste que moi. Mon rôle était clair : j'étais un « second » qui devait se montrer décisif, surtout en défense, pour pousser l'équipe à la victoire.

À partir de là, mon implication en attaque a diminué. Le coach Sergio Scariolo avait clairement misé sur moi de l'autre côté du terrain. Ou je l'acceptais ou je dégageais. Au niveau de l'*ego*, ce n'était pas évident. Mais je préférais cette place dans un grand club, plutôt que celle de star dans une équipe de seconde zone.

Dès ma première saison, nous avons gagné la Coupe du Roi face au Real Madrid de Mickaël Gelabale et Mous Sonko. Le premier titre national du club. Dans les médias, j'avais déjà réussi à faire parler de moi. Lors des play-offs, en quart de finale, je me suis fait huer à Alicante, qui menait deux manches à une. En cas de succès sur son terrain, l'équipe locale se qualifiait donc pour le dernier carré. L'ambiance est complètement folle et très hostile. Mais à l'échauffement, en « dunkant », je casse un panier – la première et la seule fois de ma vie –, l'arceau se détache. Le match est retardé d'une heure, le temps de la réparation. Après une énorme bronca, les tribunes se calment finalement et, lorsque la rencontre débute, l'atmosphère s'est considérablement assagie. Et nous nous imposons.

Le lendemain, les journaux locaux ont accusé notre entraîneur d'un stratagème pour retarder le coup d'envoi et calmer les ardeurs du public. Finalement, nous avons conquis le cinquième match décisif, mais nous avons été sortis en demi-finale.

L'année suivante, j'ai vécu l'apothéose : remporter la Liga ACB. Le titre certainement le plus difficile à décrocher. Le championnat le plus compliqué d'Europe. On a terminé en tête de la saison régulière avant d'éliminer l'Estudiantes Madrid au premier tour, le Badalone de Rudy Fernández en demi-finale et, enfin, d'écraser le grand Tau Vitoria de Pablo Prigioni, Luis Scola et Kornel David par trois manches à zéro. En ville, c'était du délire. Málaga, malgré un club de foot en première division, reste une terre de basket, elle vit au rythme de son équipe. Lorsque notre avion a atterri après notre dernier succès, les pompiers se sont alignés sur le tarmac, une lance à la main et ont déversé des tonnes d'eau au-dessus de l'avion. Des dizaines de milliers de personnes nous attendaient au centre-ville, lors de notre parade triomphale.

Au milieu de la foule, je découvre une pancarte : « *Piétrus, je ne savais pas que Dieu était noir. Merci !* » Magique ! Que pouvais-je rêver de plus ?

Été 2006. Il me reste encore un an de contrat. Jorge Garbajosa est recruté par les Raptors de Toronto. Je pense donc avoir le champ libre. Finalement, les dirigeants font venir Carlos Jiménez, un autre international espagnol, tout juste champion du monde avec sa sélection.

Je l'ai mal pris. J'étais désabusé. J'espérais obtenir davantage de responsabilités.

En championnat, nous nous sommes qualifiés *in extremis* pour les play-offs avant d'être balayés par Vitoria qui a facilement pris sa revanche. Mais en Euroligue, j'ai vécu mon premier et seul Final Four, épreuve qui réunit les quatre demi-finalistes de la compétition. L'événement se déroulait en Grèce, dans la salle du Panathinaïkos, le futur champion. Devant 20 000 personnes et dans une ambiance de folie, nous nous sommes malheureusement inclinés face au Cska Moscou. Avant de dominer une vieille connaissance, Vitoria, le lendemain, lors du match pour la troisième place.

Après trois années à Málaga, je me pose beaucoup de questions. À vingt-six ans, je suis en pleine possession de mes moyens et j'ai envie de montrer toute l'étendue de mon talent. Depuis quelques mois, je n'ai pas l'impression d'adhérer complètement à la philosophie et aux envies de mon coach, Sergio Scariolo. Fais-je vraiment partie du projet et de l'avenir de Málaga ?

Lors de cette dernière saison, je suis resté bloqué à seize minutes par match. Trop peu. J'ai envie d'un autre rôle malgré la proposition de prolongation de contrat que me tend le club. Je voulais prouver beaucoup de choses aux dirigeants de Málaga, mais ils ne m'en laissaient pas l'opportunité. J'ai donc pris la décision de partir.

Malheureusement, les propositions n'ont pas été aussi nombreuses qu'espérées. Les principaux clubs ont été refroidis par mes statistiques et mon faible temps de jeu. Les discussions ont traîné. Finalement, j'ai opté pour un club de milieu de tableau, l'Estudiantes Madrid. C'était reculer pour mieux sauter. J'ai signé pour une seule saison avec une idée en tête : me montrer et me servir de cette année comme d'un tremplin. Pour la première fois de ma carrière, l'importance du temps de jeu a pris le pas sur l'aura et les ambitions du club.

Individuellement, cela a été une réussite. Depuis mon départ de Pau, je n'avais jamais eu autant de responsabilités en attaque. En un an, mon total de points – passé de 4,1 à 8,3 – et de minutes sur le terrain a doublé. Mais collectivement, j'ai vécu une saison galère. Nous n'avons assuré le maintien du club en première division qu'à la toute dernière journée.

J'ai même été victime, pour la seule fois de ma carrière, d'agressions racistes. C'était à Manresa, près de Barcelone. Le match est très tendu et les supporteurs locaux lancent des cris de singes à chaque fois que je touche le ballon. Au début, je tente de garder mon calme. Mais cela devient insupportable. Inadmissible. J'en parle aux arbitres : « *Je veux rentrer aux vestiaires !* »

Ces hurlements m'ont choqué. Je me suis senti blessé. C'était encore plus fort que des insultes. Finalement, le match a été arrêté quelques minutes et le speaker a demandé aux personnes concernées de se calmer, sous peine d'exclusion de l'enceinte. Le match a pu reprendre et, un peu plus tard, la Ligue de basket espagnole m'a envoyé un courrier d'excuses.

Cette saison à l'Estudiantes reste une expérience très enrichissante. Je n'avais jamais vécu pareille situation. Depuis mes débuts, j'avais toujours lutté pour un trophée, j'avais accumulé les succès. Cette fois-ci, il fallait surtout maintenir mon équipe. Nous avons subi douze défaites consécutives, mais l'état d'esprit du groupe ne s'est pas dégradé. Personne n'a sombré. Humainement parlant, cela vous marque. Ce dernier succès, qui a officialisé la survie de l'Estudiantes en Liga ACB, nous l'avons fêté, avec les supporteurs, comme un titre national.

En fin de saison, il ne me restait plus qu'à retrouver un club plus huppé. Quitter l'Espagne? Je n'en avais pas l'intention. Là-bas, je me sens à la maison, j'aime cette vie, ce pays et, surtout, j'adore le championnat.

San Sebastien, une équipe qui vient d'accéder à la première division, me contacte et m'envoie une proposition. Financièrement, les conditions sont alléchantes. Un million d'euros sur deux ans. Rien d'autre n'arrive sur la table. Je suis à deux doigts d'accepter. Mais trente minutes à peine avant de renvoyer l'engagement, mon agent m'appelle : « *Valence te propose la même chose : un contrat de deux ans avec les mêmes conditions financières.* »

Mes doutes s'évanouissent. Entre une équipe jouant les premiers rôles et un club promu, il n'y a pas à hésiter.

À Valence, j'ai l'impression de revivre mes débuts à Málaga. À nouveau, la météo est sublime, la ville très agréable et les plages attrayantes. Je ne suis pas dépaysé. Je maîtrise parfaitement l'espagnol et je n'ai pas besoin de temps d'adaptation.

Après une première saison plutôt moyenne – quart de finale en play-offs, quart de finale en Eurocoupe, deuxième Coupe d'Europe –, Nando de Colo me rejoint. MVP du championnat de France à vingt et un ans, il vient d'être *drafté* au second tour par San Antonio. Mais le club texan ne le juge pas encore assez mature pour évoluer en NBA et Nando rejoint finalement Valence pendant trois saisons, avant de filer chez les Spurs durant l'automne 2012.

J'étais très content de voir un jeune Français débarquer. J'ai pu jouer le rôle de grand frère que j'affectionne tant. Le guider et l'aider lors de sa première aventure à l'étranger.

Au printemps 2010, nous remportons l'Eurocoupe, la première Coupe d'Europe du club, face à l'Alba Berlin.

L'été approche, la fin de saison également. Mon contrat se termine mais j'ai vraiment envie de poursuivre l'aventure valencienne. Un nouveau coach, un Espagnol, Manuel Hussein, vient de signer. Avant de partir en vacances, au mois de juin, et juste avant de préparer le Mondial 2010 en Turquie avec l'équipe de France, il tient à me voir. Nous avons une discussion, tous les deux, dans son bureau. Son discours ne laisse pas de place aux doutes : « *J'aimerais que tu restes parmi nous. Je veux que tu fasses partie de cette équipe à la rentrée.* »

En quittant son bureau, dans ma tête, tout était réglé. Je n'avais rien signé, mais j'avais confiance en l'homme et en sa parole. J'avais tort.

Quelques jours plus tard, j'apprends qu'il a recruté un autre joueur à mon poste. Sans me passer le moindre coup de téléphone. Mon avenir à Valence venait donc de s'assombrir.

Ce manque de respect – et de courage –, je ne l'ai pas supporté. S'il ne souhaitait pas me conserver et s'il me l'avait expliqué, j'aurais accepté sa décision. J'aime que l'on me parle franchement. Mais ce sont les aléas du sport professionnel.

Durant tout l'été, alors que j'avais rejoint les Bleus pour la préparation du championnat du Monde, j'étais inquiet et anxieux. Je n'avais aucun contrat pour la rentrée. Durant toute cette période, et même pendant la compétition, je n'étais pas au meilleur de ma forme. Une blessure aurait pu être très dangereuse pour la suite de ma carrière. Mentalement, je le vivais difficilement.

En rentrant chez moi, à Valence, début septembre, j'ai attendu et cogité. Pendant plus d'une semaine, le téléphone n'a pas sonné. Mon agent n'a reçu aucune proposition intéressante. Après la naissance, en 2005, de mon fils, Illan, je ne voulais pas déstabiliser ma famille. Je tenais à poursuivre ma vie professionnelle en Espagne. La Russie, la Chine ou les pays exotiques ne m'ont jamais tenté, malgré l'attrait financier. Même un retour en France n'était pas encore envisageable.

Le 15 septembre, Vitoria me contacte. Ils ont besoin de mes services, mais seulement pour une pige d'un mois, en remplacement de l'Anglais Pops Mensah-Bonsu, blessé au genou. Je n'avais pas le choix. Cela me permettait, au minimum, de me maintenir en forme. J'avais même des chances de séduire l'entraîneur et d'espérer une prolongation de contrat jusqu'à la fin de la saison.

Au bout d'un mois, Duško Ivanović, le coach, souhaita effectivement me conserver pour un mois supplémentaire. Mais j'ai refusé. Les raisons étaient multiples. Premièrement, l'incertitude sportive m'inquiétait. Me retrouver sur le carreau, en milieu de saison, ne me séduisait guère. Ensuite, soyons honnête, la dureté de cet entraîneur yougoslave m'a estomaqué. Une terreur. On m'avait prévenu, mais il a dépassé toutes mes craintes. Son exigence, voire sa folie, n'était pas une légende.

Pour la première fois de ma vie, physiquement, j'ai craqué. Depuis le début de ma carrière, j'avais pourtant l'impression de dominer athlétiquement la plupart de mes coéquipiers et adversaires. Mais avec lui, j'ai vécu l'enfer. Même les jours de match, le matin, il nous imposait trois heures d'entraînement.

Toutes les séances se terminaient par trente minutes à une heure de course. En rentrant à la maison, je ne pouvais plus bouger. Je m'effondrais sur mon lit. Je ne pensais qu'à une seule chose : programmer le réveil du lendemain. J'étais tellement fatigué que je m'endormais instantanément. Au bout de quelques jours, je fonctionnais comme une machine. Mentalement, c'était très dur.

Tous les matins, rebelote. Trois séances m'attendaient. Le planning variait rarement :

– 8 heures du matin, une heure de footing avec tous les joueurs autour d'une piste, à côté de la salle,

– Retour à la maison pour le petit déjeuner,

– 11 heures : deux heures d'entraînement, puis course,

– Rebelote à 18 heures avec une nouvelle séance et de la course pour conclure la journée.

Certains joueurs l'affirment et j'abonde dans leur sens : Duško Ivanović a retiré aux basketteurs qu'il a côtoyés plusieurs années – trois ou quatre – de carrière.

Le 15 octobre 2010, je refuse donc cette prolongation de contrat. Au même moment, le coach de Valence me contacte. Il souhaite finalement m'avoir à ses côtés pour le reste de la saison. Par fierté, je m'apprête à décliner. Après un tel affront quelques mois plus tôt, pas question de collaborer avec lui. Mais je dois me rendre à l'évidence. Revenir à Valence n'a que des avantages. Je rejoins ma famille et un club ambitieux que je connais très bien.

Le coach s'est excusé. Mais il n'a pas tenu bien longtemps sur le banc de Valence. Un mois plus tard, il s'est fait virer. Je n'ai pas caché mon soulagement.

En juin, après une belle troisième place en championnat, j'ai signé pour deux nouvelles saisons. En 2011-2012, nous terminons à la quatrième place du championnat, finalistes de l'Eurocoupe. Je remporte même la première édition du Trophée de l'effort, un titre symbolique décerné par les supporteurs au joueur le plus régulier, qui se donne au maximum sur le terrain. Une grande fierté. La preuve que mon rôle, parfois dans l'ombre de certaines stars, pouvait être reconnu à sa juste valeur par le public.

À la fin de la saison 2012-2013, le club n'a finalement pas renouvelé pour une année supplémentaire mon contrat, comme cela avait été, un temps, envisagé. Personnellement, je n'aurais pas refusé une dernière saison en Espagne et à Valence avant de terminer ma carrière en France, pour boucler la boucle. Mais mes dirigeants ont préféré être honnêtes : « *Tu mérites davantage que le rôle que l'on t'a offert cette dernière saison.* »

Ainsi soit-il. Je me questionne. Vu les difficultés économiques du pays, rester en Espagne me paraît compliqué. À Valladolid par exemple, les joueurs n'ont pas été payés durant six mois. Estudiantes m'a contacté, mais je connais la situation financière délicate du club. Courir chaque mois derrière mon chèque ne me tente pas.

À Valence, j'avais eu de la chance. Le patron, le Valencien Juan Roig, deuxième fortune d'Espagne, est milliardaire. Il détient quasiment tous les supermarchés du pays, la fameuse chaîne Mercadona, les magasins de proximité que l'on trouve dans toutes les villes. Les salaires impayés, nous ne connaissions pas.

Le retour en Pro A me semblait judicieux. Pour la stabilité financière, bien sûr, et pour l'équilibre de ma famille, d'Illan et de Tayla, ma petite fille qui allait fêter ses deux ans. L'occasion également d'obtenir un nouveau rôle dans une formation française. En Espagne, j'avais déjà tout connu. Rejoindre une équipe de seconde zone, après les nombreux titres que j'avais remportés, n'avait aucun intérêt.

Au printemps 2013, rapidement, les clubs tricolores se sont positionnés. À commencer par Strasbourg. Lorsque Vincent Collet, le sélectionneur de l'équipe de France et entraîneur de la SIG – Strasbourg Illkirch-Graffenstaden –, a eu vent de ma situation en Espagne, il m'a immédiatement contacté dès la fin de la saison. Il était excité et impatient, déjà, de me faire venir en Alsace. Et moi, d'y aller. Son projet, avec une participation en Euroligue, paraissait rassurant et plaisant. J'étais séduit et prêt à des sacrifices financiers pour rejoindre ce club ambitieux. Mais le président strasbourgeois a finalement changé d'avis et a préféré prolonger le contrat d'un autre joueur évoluant au même poste que moi.

Paris-Levallois, par l'intermédiaire de Jacques Monclar, ancien international et ex-coach, aujourd'hui conseiller du président parisien, s'est également montré très intéressé. Monter une grande équipe dans la capitale m'emballait. Malheureusement, le club disposait déjà d'un large effectif avec beaucoup de joueurs sous contrat.

Heureusement, le SLUC Nancy ne m'a pas lâché. Pendant des heures, Alain Weisz, son entraîneur, a tenté de me convaincre par téléphone. Je le connaissais depuis mes débuts en équipe de France, il y a plus de dix ans. À l'époque, Alain était notre entraîneur et m'avait offert ma première sélection. Rejoindre la Lorraine représentait un nouveau challenge, un défi attrayant. Je n'ai pas tergiversé.

Je ne me suis pas trompé. Cette saison a été extrêmement positive. Personnellement, j'ai renoué avec le plaisir d'évoluer sur les parquets français. Lors de chaque déplacement, surtout en début de saison, on me remerciait, avec des cadeaux et des bouquets de fleurs, pour ce titre de champion d'Europe. Même à Limoges, l'ennemi juré de Pau-Orthez, mon club de cœur, j'ai été surpris. Aucun sifflet, aucune injure, bien au contraire. Moi, l'enfant du Béarn, j'ai été ovationné par toute la salle de Beaublanc. Rien ne pouvait davantage me toucher.

Retrouver le Palais des Sports de Pau, lors de la troisième journée du championnat, m'a beaucoup marqué. J'appréhendais la soirée : pour la première fois de ma carrière, je portais d'autres couleurs françaises sur ce parquet qui m'avait vu grandir et percer au plus haut niveau. J'ai été accueilli comme une rock star. Pierre Seillant et Claude Bergeaud m'ont même remis mon ancien maillot palois, encadré et dédicacé par mon ex-président. En quelque sorte, le retour de l'enfant du pays.

Notre début de saison fut assez frustrant avec deux défaites initiales après prolongation. Les systèmes de jeu n'étaient pas encore bien assimilés et beaucoup de joueurs découvraient la Pro A. Malgré un potentiel évident, notre équipe n'était pas encore prête pour jouer le haut du tableau. Mais il ne fallait ni s'impatienter, ni s'affoler. Dès la fin de l'année, nous avons commencé à enchaîner les bons résultats. Une dynamique s'est installée. Sur le parquet, je formais un redoutable duo avec Randal Falker dans la raquette, futur MVP du championnat. Retrouver un tel temps de jeu – plus de trente minutes par match – était plaisant. Il m'a cependant fallu persévérer un peu avant de m'épanouir en attaque. Je manquais de responsabilités. À plusieurs reprises, j'ai eu quelques discussions avec Alain Weisz. Je ne me sentais pas suffisamment investi dans ses tactiques offensives. Je n'étais pas venu à Nancy pour cela. Le coach a pris en compte mes attentes et tout a changé. Il a instauré davantage de discipline dans son discours et notre jeu s'est amélioré.

Les victoires se multiplient et, malgré un effectif assez limité, nous terminons en trombe la fin de saison à la quatrième place derrière Strasbourg, Limoges et Le Mans. En parfaits outsiders. Nous nous hissons même jusqu'en finale de la Coupe de France, à Coubertin, face à Nanterre, champion de France 2013.

Ce match, assorti d'une grande maladresse, nous l'avons bien en mains jusqu'aux ultimes minutes de la rencontre, avec six points d'avance. Nanterre, qui semble au fond du trou, réussit à enchaîner les paniers primés et la partie bascule (55-50) au final. Très déçu, je file rapidement aux vestiaires, le regard noir. Remporter un trophée, pour mon retour, me tenait vraiment à cœur. Surtout que Nancy n'avait jamais gagné cette coupe.

Il nous restait une dernière chance : le titre de champion de France. En début de saison, cela ne m'occupait pas l'esprit. Loin de là. Mais semaine après semaine, notre équipe a progressé, tout comme mes ambitions. Ajouter une ligne supplémentaire à mon palmarès ne me paraissait plus utopique. Surtout après notre succès en quart de finale contre Paris-Levallois. Face à nous, se dressait Strasbourg, le club de Vincent Collet, qui avait souhaité me recruter quelques mois plus tôt. Le grand favori pour le titre, avec son armada de joueurs internationaux, tels Antoine Diot et le pivot australien David Andersen, que j'ai rencontré à plusieurs reprises en Euroligue et en Espagne. Le duel Andersen-Piétrus était clairement attendu par les supporteurs et les médias. Personne ne fut déçu. Jusqu'à la quatrième rencontre de cette demi-finale, qui se jouait au meilleur des cinq manches… Cette troisième victoire, qualificative pour la finale, nous tendait les bras, surtout à domicile, dans notre Palais des sports de Gentilly chauffé à blanc.

Jusque-là, tout se déroulait presque comme dans un rêve. À Strasbourg, nous avions remporté la première rencontre (89-87) grâce à une adresse hors du commun. Je n'avais jamais vu ça. Seize tirs à trois points marqués en vingt-quatre tentatives. Dont un dernier shoot décisif, à quelques secondes de la fin, de Marcus Banks, passé par les clubs de Minnesota, Boston, Phoenix, Miami et Toronto, en NBA. Ce jour-là, il m'a étonné. Pourtant, lors de son arrivée en janvier, pour renforcer et équilibrer l'effectif, j'étais vraiment perplexe. Complètement hors de forme, Banks ne cachait pas sa dizaine de kilos superflus. Il n'arrivait pas à enchaîner les actions et jouait en marchant. Il n'accélérait jamais le rythme. Sa présence parmi nous a rapidement été remise en question. Banks avait beau être très agréable humainement parlant, son niveau de jeu m'inquiétait.

Lundi 26 mai, alors que nous menons deux manches à une face à Strasbourg, toutes ces interrogations sont loin derrière moi. Avec quatorze points d'avance à six minutes d'une place en finale, rien ne nous laisse présager l'issue cauchemardesque que nous allons vivre. Mais Clevin Hannah et Marcus Banks, nos deux meneurs de jeu, font défaut. Alors que la SIG multiplie les tirs primés pour revenir au score, Banks veut, une fois de plus, être le héros de la soirée. Sans succès. Je suis groggy. Aucune balle ne parvient jusqu'à Randal ou moi à l'intérieur. Silence de cathédrale dans la salle pourtant euphorique quelques secondes plus tôt. À la faveur d'un 20-1, Strasbourg égalise à deux victoires partout avant de remporter le dernier match dans son antre du

Rhénus. Quelques mois plus tard, cette défaite me reste toujours en travers de la gorge, malgré notre qualification pour l'Eurocoupe…

Je demeure un joueur très ambitieux. Je déteste perdre, surtout dans ces circonstances. Je n'ai pas rejoint le championnat de France pour jouir d'une préretraite méritée ou pour recevoir chaque semaine des bouquets de fleurs. Je ne m'interdis rien. Malgré de nouvelles sollicitations de plusieurs clubs français, dont Limoges – le champion de France –, Pau et Strasbourg – qui m'ont contacté à plusieurs reprises durant la saison –, je veux gagner de nouveaux trophées avec Nancy et jouer l'Euroligue. Je viens d'ailleurs de prolonger avec le SLUC jusqu'en juin 2017 et je ne me contenterai pas de places d'honneur. Surtout, je veux prendre du plaisir. C'est le plus important. Bien plus que quelques milliers d'euros supplémentaires par an.

Troisième partie

Pour l'honneur des Bleus

I

UNE PREMIÈRE BELGE AVEC TONY PARKER

Entre l'équipe de France et moi, c'est une longue histoire d'amour. Avec, inévitablement, de la passion, de la joie, des larmes, des cris et de la colère.

Tout a débuté à l'été 1997. Un an à peine après mon arrivée en métropole. À mes côtés, un petit jeune de quinze ans, surclassé : Tony Parker. Un gamin, qu'on prétendait surdoué.

Je ne le connaissais pas du tout. Je l'ai découvert lors des premiers rassemblements que nous avons effectués à l'Insep, dans les bois de Vincennes, en lisière de Paris. J'ai pourtant failli jouer à ses côtés avec le Centre fédéral, l'équipe de l'Insep, qui réunit les meilleurs jeunes du pays et évolue en Nationale 1. Mais Pau-Orthez ne voulait pas me lâcher malgré l'insistance des responsables du temple du sport français.

Rejoindre l'équipe de France me paraissait impensable. Dire qu'une année plus tôt, je jouais encore sur les *playgrounds* de Sainte-Anne…

Mais Lucien Legrand, l'entraîneur national des « cadets », m'avait déjà à l'œil. « *Je l'avais repéré lorsqu'il est venu en France avec la sélection Antilles-Guyane en 1996*, a-t-il indiqué à Romain Schué, mon ami journaliste. *Florent, en tant que demi-frère de Rony Coco, que j'avais entraîné à l'Insep, n'était pas un inconnu pour moi. De toute façon, il ne pouvait pas passer inaperçu. J'avais plusieurs connaissances dans le Sud-Ouest qui suivaient ses performances tout au long de l'année. Il avait, déjà, des qualités de détente et de vitesse fabuleuses.* »

Fin juin, Lucien nous a tous convoqués pour notre première compétition internationale : l'Euro 97, réservé à la génération 1981 – ou plus jeune –, qui se tenait en Belgique. La star de l'époque, dans notre équipe, était Paccelis Morlende, futur meilleur marqueur du tournoi. Le seul, avec Tony et moi, qui ait véritablement réussi à percer au plus haut niveau quelques années plus tard.

Tony, malgré son année de moins par rapport à l'ensemble du groupe, nous impressionnait. Il semblait très sûr de lui et motivé. Cette petite différence d'âge ne le freinait pas, bien au contraire. Sa principale force, c'était sa vitesse. Un bolide sur le terrain. Il a même été élu meilleur jeune de la compétition, parmi tous ceux nés en 1982.

Lors de ce tournoi, il n'a pas été le seul à taper dans l'œil des plus grands clubs. En demi-finale, nous nous sommes inclinés face à la Russie d'un certain Andreï Kirilenko, future star NBA avec les Jazz d'Utah. À l'échauffement, il portait déjà le maillot de cette franchise alors qu'il n'allait rejoindre les États-Unis qu'en 2001. Ce match, nous l'avons perdu dans les dernières minutes et nous avons eu beaucoup de mal à l'accepter. « *Vous étiez tous très déçus*, m'a raconté récemment Lucien Legrand. *Dans les vestiaires, pendant vingt minutes, vous avez pleuré. Je n'avais jamais vu ça auparavant. On a tenté de vous réconforter, mais ça n'a pas fonctionné.* »

Finalement, malgré une dernière défaite contre Israël pour la médaille de bronze, ce fut une très bonne expérience. À l'image d'une longue partie de notre carrière en équipe de France, avec Tony, nous avons échoué au pied du podium. Nous n'en avions pas encore conscience, mais ce n'était que les prémices de nombreuses désillusions avant d'inverser, enfin, la tendance en 2013.

Pendant des années, tout le monde n'a parlé que d'un titre : celui décroché par l'équipe de France « junior » à Zadar, en

Croatie, le 23 juillet 2000. Il y avait là un Piétrus bien présent. Mickaël. À ses côtés, toute l'ossature de la future équipe de France : Tony Parker, Boris Diaw, Ronny Turiaf, sans oublier Yakhouba Diawara qui nous a rejoints durant quelques étés. La fameuse « génération 82 ». On m'y associe régulièrement. Pourtant, cette compétition je l'ai vécue en Guadeloupe, durant mes vacances, alors que mes amis dominaient après prolongation le pays hôte en finale. J'étais jaloux. J'avais envie d'être sur le terrain et de décrocher ce premier trophée.

Je n'ai jamais rien gagné avec les équipes de France « jeunes ». Ma génération manquait, il faut le reconnaître, de talents. J'ai donc attendu impatiemment de « monter » avec les « A ». Un an plus tard, la récompense est arrivée.

21 novembre 2001. À vingt ans, première sélection avec l'équipe de France. La vraie. Depuis quelques mois, avec mon club de Pau-Orthez, j'explosais aux yeux de tous. Ma carrière était lancée. Un an plus tôt, quasiment jour pour jour, Mike avait déjà eu l'honneur d'être le premier Piétrus sélectionné avec les Bleus, le 22 novembre 2000.

Le jour où j'ai reçu la convocation, je n'en croyais pas mes yeux. Bien sûr, les Piétrus dominaient la Pro A et nous venions d'être sacrés, à la surprise générale, champions de France. Mais l'équipe de France me semblait encore loin. Porter le maillot tricolore, c'était un rêve. Surtout après l'Euro 1999, disputé en France, que j'avais suivi assidûment. Puis, l'année suivante, lors de la mythique finale des JO 2000 à Sydney, entre les États-Unis et la France, une question me revenait sans cesse : quelle sensation cela procure-t-il de défendre nos couleurs ?

J'aurais pourtant pu le savoir durant l'été 2000. Mais j'ai déconné. Alors que l'équipe de France était en pleine préparation pour ces Jeux Olympiques, je reçois, un soir, un étrange appel.

Un hamburger à la main, installé dans un fast-food de Lorraine avec un ami, j'entends au bout du fil Patrick Beesley, alors directeur des équipes de France et aujourd'hui directeur technique national du basket français : « *Bonsoir Florent. Est-ce que cela t'intéresse de rejoindre le groupe France lors de la préparation des JO ? Thierry Gadou vient de se blesser et l'on recherche un remplaçant pour, au minimum, faire le nombre à l'entraînement.* »

Je suis extrêmement surpris. À dix-neuf ans, je ne suis pas du tout préparé à ce scénario. Pourquoi m'appeler, moi ? Je ne suis encore qu'un simple remplaçant dans mon club. Un peu plus tôt dans la journée, mon agent m'a pourtant informé de la blessure de mon coéquipier de Pau-Orthez et de cette éventualité. Mais je n'y croyais pas.

Je viens tout juste de disputer une compétition internationale avec ma génération 1981. Je me sens exténué. Ma réponse finale ? « *Je suis désolé, mais je suis fatigué. Je récupère tout juste d'une tendinite au genou et je préfère me reposer avant d'aborder la saison avec Pau.* »

Quel con ! Il m'a fallu un peu de temps avant de me rendre compte de l'importance de ce coup de téléphone. J'ai regretté ma décision. Surtout après le parcours magnifique des Bleus. J'aurais pu, peut-être, intégrer cette équipe et disputer cette finale face à Kevin Garnett et Gary Payton, les stars américaines. Ou empêcher Vince Carter de réaliser ce dunk stratosphérique et inoubliable face à Fred Weis. Finalement, j'ai suivi cette compétition puis la finale, tout seul, chez moi, à Pau, au milieu de la nuit. J'étais en admiration devant les performances de Laurent Sciarra, d'Antoine Rigaudeau ou encore de Cyril Julian. Ils méritaient largement cette médaille d'argent. Ils ont été héroïques.

Une bonne année plus tard, Alain Weisz, nouveau sélectionneur national, me convoque pour une série de matchs de qualification pour le championnat d'Europe 2003.

En débarquant à Chalon-sur-Saône, lieu de ma première rencontre, face à la Hongrie, j'étais intimidé. Tony Parker, retenu comme Mike dès novembre 2000, n'était pas présent puisqu'il disputait sa première saison à San Antonio. Boris Diaw manquait à l'appel. Il a dû patienter jusqu'en janvier 2002 pour connaître sa première cape avec les Bleus. Avec mon frère, j'arrivais sur la pointe des pieds face à des cadors comme Laurent Sciarra, Alain Digbeu, Jim Bilba, Vasco Evtimov ou Crawford Palmer.

D'entrée, pourtant, je suis mis dans le bain. Les comparaisons avec Jim Bilba, qui tire justement sa révérence ce soir-là après cent soixante-dix sélections, affluent. Tout le monde, les médias en premier lieu, s'attend à ce que je prenne sa succession en équipe de France. Mais ces parallèles m'énervent. J'admire ce joueur, nous sommes Guadeloupéens tous les deux, occupons le même poste, avec de nombreuses similitudes athlétiques, mais nous demeurons différents.

Un jour, Alain Weisz, devant la presse, a clairement annoncé que j'étais « *le futur Jim Bilba* ». J'ai répondu, assez sèchement, aux journalistes qui m'interrogeaient que ce n'était pas le cas. Qu'on allait « *découvrir Florent Piétrus* ». Je l'ai toujours revendiqué. Le coach, selon ses propres mots, m'a trouvé « *gonflé* ». Pour lui, j'avais « *beaucoup de caractère* » et je l'ai surpris. Mais, sans manquer de respect à Jim Bilba, j'avais envie d'écrire ma propre histoire.

Après ce premier match concluant (seize minutes pour quatre points) et cette première victoire, je vis une véritable passation de pouvoirs. Jim s'étant blessé la veille à l'entraînement, il suit la rencontre en costard, à nos côtés. À la fin du match, nous le soulevons dans un fauteuil pour faire le tour de la salle, sous l'ovation du public. Un grand moment.

Mes débuts avec les Bleus, je ne les oublierai jamais. Après cette première sélection remplie d'émotions, place à un hallucinant déplacement à Minsk, en Biélorussie, trois jours plus tard. Un froid polaire : moins 25°C ! Je n'avais jamais vu ça. Tout était gelé, le bus ne pouvait avancer et nous avons été contraints de marcher près de six cents mètres pour atteindre la salle, le jour du match. En dehors du climat, l'ambiance et la vie locale m'ont marqué : le Mur était pourtant tombé, rien ne semblait avoir changé ! Cette atmosphère m'a étonné. Je découvrais une culture d'une autre époque.

Le coach nous a prévenus : il faut se méfier d'Egor Meshcheryakov, le shooteur adverse. Au bout de trois minutes de jeu, involontairement me semble-t-il, je lui casse le nez. À la fin du match, après la victoire, Alain Weisz est tout sourire : « *Ce minot ne craint vraiment rien, il n'a peur de personne.* »

Je n'ai pas changé. Ni sur un terrain, ni en dehors, je n'ai jamais redouté quiconque. Rapidement, j'ai gagné le respect de mes coéquipiers de cette façon-là. Depuis tout petit, je me bats pour réaliser mes rêves.

II

LA BATAILLE DES EGO

Une véritable *Dream Team*. Telle était l'équipe de France, juste avant son départ pour l'Euro 2003 en Suède. Presque tous les meilleurs joueurs tricolores étaient de la partie pour décrocher, enfin, une première médaille depuis le bronze obtenu lors du championnat d'Europe 1953. Une éternité.

Après la quatrième place en France lors de l'Euro 1999 et l'argent des Jeux de Sydney l'année suivante, tout était réuni pour remporter l'or, un métal jusqu'ici inconnu du basket français. Sur le papier, notre équipe était magnifique.

Les plus grandes stars françaises avaient répondu à l'appel d'Alain Weisz, le sélectionneur. Tariq Abdul-Wahad, premier tricolore à fouler les parquets NBA dès 1997, pourtant sujet à quelques polémiques par le passé, a été convaincu par le discours du coach, tout comme Jérôme Moïso, le pivot des Hornets de Charlotte, et les « historiques » : Laurent Foirest, Alain Digbeu, Cyril Julian, Mous Sonko, Makan Dioumassi et Thierry Rupert. Et bien sûr, nous, les plus jeunes, dont Tony Parker qui venait de décrocher son premier titre NBA avec les Spurs, Boris Diaw, Ronny Turiaf et moi. Mon frère avait, quant à lui, décidé de faire l'impasse sur cet Euro pour préparer au mieux sa première saison outre-Atlantique avec les Warriors de Golden State.

Il manquait cependant une personne. Laurent Sciarra. Quelques mois plus tôt, il avait annoncé l'arrêt de sa carrière internationale à tout juste trente ans. Laurent était un sacré joueur, qui ne manquait pas d'amour-propre. Après avoir mené le groupe jusqu'au podium à Sidney, son retour aurait forcément impliqué un rôle de doublure de Tony Parker au poste de meneur. Pas sûr qu'il en ait eu envie. Cette absence a marqué le début de nos ennuis…

Il faut replacer l'histoire dans son contexte. Lorsque Tony est revenu en France au début de l'été 2003, cela a suscité un engouement sans précédent. Tous les médias et le public n'avaient d'yeux que pour lui. Du jamais vu à l'échelle du basket. À vingt et un ans, il venait d'être sacré champion NBA, le premier Français à décrocher un tel titre. Il se faisait ovationner à chacun de nos matchs amicaux. Les gens l'attendaient des heures, voulaient une photo, un autographe. Les prémices de la « Parkermania ».

Avec le recul, je comprends que cette situation ait été difficile à vivre pour les plus anciens. Trois ans plus tôt, ils avaient écrit ce qui était alors la plus belle page du basket français aux Jeux de Sidney et avaient dû se contenter, à leur retour, d'un quasi-anonymat. Cette frénésie autour de Tony Parker leur paraissait complètement disproportionnée, eux qui avaient bataillé pendant tous ces étés pour porter l'équipe de France au plus haut. Boris, Ronny et moi n'en avions pas forcément conscience au départ de cette nouvelle aventure. Nous étions simplement heureux pour Tony.

L'ambiance a été plombée dès le début de notre préparation par cette situation que personne n'avait choisie : certains n'avaient pas forcément envie de dérouler le tapis rouge à Tony.

Les entraînements étaient très durs. Chacun voulait prouver au sélectionneur qu'il avait sa place. Qu'il pouvait concurrencer Tony. Du coup, ça envoyait du bois ! Les séances étaient très physiques. Tony n'a pas été ménagé. C'est le moins qu'on puisse dire. Alain Weisz et ses assistants ont même dû, à plusieurs reprises, stopper l'entraînement par crainte de blessure.

Tony eut le mérite de rester zen dans les moments chauds. Je pense qu'il avait beaucoup de respect pour les plus anciens du groupe. Il ne cherchait pas à leur faire de l'ombre mais je ne l'ai pas vu non plus reculer devant le défi physique qu'on lui proposait à chaque entraînement.

Les choses ne se sont pas arrangées avec la décision du sélectionneur de nommer « Tipi » capitaine. Malgré l'affection que je lui porte, Alain Weisz s'est tiré une balle dans le pied. Confier un tel rôle à Tony au sein de cette équipe paraissait prématuré : malgré un talent indéniable, il n'avait que vingt et un ans. Aux yeux des plus anciens cette nomination prenait des allures de manque de respect pour leur statut et leur vécu international.

Seul Mous Sonko, le doyen de l'équipe, prenait les choses avec plus de philosophie. Il était pourtant directement concerné par l'émergence de Tony puisqu'ils partageaient le même poste. Mais il a plutôt cherché à le protéger.

Pour ma part, du haut de mes vingt-deux ans, j'étais essentiellement concentré sur cette fin de préparation. Et Dirk Nowitzki s'en souvient.

Quelques jours avant de rejoindre la Suède, nous remportons un tournoi en Allemagne et, lors d'un match face à l'équipe locale, la star des Mavericks de Dallas se tord la cheville après une rude bataille au rebond dans laquelle je suis impliqué. Pour Mark Cuban, le patron de cette franchise NBA, et les journaux texans, je suis « *l'ennemi public n° 1* » !

Un peu plus tôt, l'ailier allemand m'avait impressionné. Pour la première fois de ma carrière, je devais défendre sur lui. Makan Dioumassi, mon coéquipier, m'avait conseillé de mettre toujours une main au plus proche de son corps afin de l'empêcher de shooter. Une tactique inutile. À la mi-temps, Nowitzki avait déjà inscrit vingt-sept points. Une machine.

« *Je me suis trompé, désolé,* m'a dit à la pause Makan, désabusé et souriant. *Essaye de faire ce que tu peux.* » J'ai donc défendu avec beaucoup plus de dureté et, lors de l'un de ses tirs, je lui ai tapé sur la main. Il a complètement manqué la cible ; la balle n'a même pas touché le cercle : air-ball ! Je n'ai pas été sanctionné, à tort, et Nowitzki est sorti de ses gongs. Furieux, il s'est retourné vers l'arbitre et lui a lancé : « *Tu ne sais pas qui je suis ? Je suis Dirk Nowitzki. Je ne shoote pas de air-ball. S'il y a air-ball, c'est qu'il y a faute !* »

L'Euro, en Suède, débute à merveille. Dès le premier tour, nos adversaires, notamment l'Italie, ne ramassent que les rares miettes que nous laissons sur notre passage. Nous sommes en route pour la qualification aux JO, réservée aux trois premiers, et surtout pour cette médaille d'or, notre unique objectif. À ce moment-là, les dissensions au sein de l'équipe ne se ressentent pas encore sur le terrain.

Mais à partir des quarts de finale, cette paix éphémère part en fumée. Après un succès face à la Russie d'Andreï Kirilenko, l'affrontement en demi-finale contre la grande Lituanie de Šarūnas Jasikevičius va révéler nos soucis au grand jour.

Le rêve se transforme en cauchemar. À quelques secondes de la fin, alors que nous sommes menés (72-70), Tony détient la balle de match entre ses mains. Mais un arbitre le gêne et il la perd. Le groupe se déchire définitivement.

Dans les vestiaires, l'atmosphère est incroyablement tendue. « *Pourquoi donner ce ballon à un gosse de vingt ans ?* » Beaucoup d'anciens s'énervent. Alain Weisz est accusé de favoritisme. C'est très chaud. Ça gueule dans tous les sens. Contre Tony, mais aussi contre le coach qui en prend pour son grade. Des joueurs ne digèrent pas cette défaite, ce scénario et cette dernière action.

Jérôme Moïso, très remonté lui aussi, ne veut pas prendre le bus pour rentrer à l'hôtel. Il préfère marcher, même si le trajet dure une heure…

Le soir, la communication est interrompue. Chacun reste dans sa chambre, dégoûté, énervé. Plus personne ne s'adresse la parole alors qu'un match primordial, le lendemain, face à l'Italie, nous attend. Une rencontre décisive pour la qualification aux JO d'Athènes l'année suivante.

À cet instant, je n'ai pas la sensation de voir une équipe mobilisée pour cet ultime objectif. Bien au contraire.

Le lendemain matin, 14 septembre 2003, le président de la fédération de l'époque, Yvan Mainini en a encore rajouté une couche, nous annonçant que le championnat du Monde 2010 se déroulerait en France[1]. Puis il eut la « bonne » idée de féliciter « *Tony Parker* » et « *la meilleure génération* » du basket français. Il n'en fallait pas davantage pour raviver les tensions. Le groupe implosa.

Ce n'était pas la première fois que notre président s'attirait les foudres de ses joueurs. Ceux qui avaient participé aux Jeux de Sidney en 2000 avaient toujours en travers de la gorge ses propos, dans les vestiaires, après la finale olympique perdue face aux États-Unis. Le président Mainini les avait quasiment engueulés. Selon lui, les Français n'avaient pas joué pour gagner. Pourtant, quelques secondes plus tôt, ils avaient décroché une médaille d'argent historique et avaient été à deux doigts de créer l'exploit. Cela méritait un autre discours.

Comment jouer ensuite le match pour la troisième place, face à l'Italie, dans de bonnes conditions? Dans les vestiaires, je suis prêt. Motivé. J'y crois encore. Je me berce d'illusions… Après avoir battu largement cette équipe au premier tour, je m'imagine à tort que ça va être facile.

Finalement la plupart des anciens, hormis Mous Sonko, restent sur le banc. Boris, Tony et moi donnons tout. En vain.

1. Annonce prématurée puisque cette compétition fut finalement organisée par la Turquie.

Certains n'y sont plus. Après la défaite (69-67), nous ne formons plus une équipe. Nouvelle implosion.

Dès la fin de la rencontre, en direct, à la télé, Tony a balancé : « *Je ne peux pas tout faire moi-même !* » Une phrase qui est très mal passée. Tous les joueurs l'ont entendue. J'adore Tony, mais il a commis une maladresse ce jour-là. Une erreur de jeunesse sans doute. La situation s'est envenimée. « *Il a voulu jouer tout seul, qu'il se qualifie pour les Jeux tout seul !* » Dans les vestiaires, c'était le chaos. Nous avons ramassé nos affaires et nous sommes rentrés. Une catastrophe.

III

PREMIÈRE MÉDAILLE

Le grand nettoyage. Il n'y a pas d'autre mot. Après cet épisode calamiteux, tout a changé, ou presque, en équipe de France. Alain Weisz a laissé sa place à Claude Bergeaud sur le banc et quasiment tous les anciens ont pris leur retraite internationale. Une nouvelle génération, tout doucement, s'est installée, épaulée par quelques joueurs expérimentés, tels Laurent Foirest, Sacha Giffa, Thierry Rupert ou Fred Fauthoux.

Si cet Euro 2003 a fait des dégâts psychologiques, sportivement, il nous a également pénalisés. Non seulement nous avons raté les JO 2004 mais, au lieu de partir en vacances durant l'été 2004 ou de regarder la compétition à la télé, nous avons dû cravacher – sans Tony Parker ni mon frère, restés aux États-Unis en prévision de la saison NBA – pour nous qualifier pour l'Euro 2005. Nous avons même été contraints d'assister à la finale des Jeux entre l'Argentine et l'Italie sur une aire d'autoroute.

L'ambiance avait totalement changé. Avec Claude Bergeaud, l'équipe de France avait trouvé l'homme de la situation. Avoir à mes côtés cet entraîneur qui m'avait formé, épaulé et fait progresser, c'était l'idéal.

L'objectif, lui, restait identique : décrocher une médaille. Depuis mon arrivée chez les Bleus, cela a toujours été le cas. Nous l'avons constamment revendiqué, surtout au vu de notre effectif. Nous ne visions que le podium, voire le titre.

En Serbie, pays hôte de l'Euro 2005, la concurrence s'annonce très forte. Diamantídis et la Grèce paraissent redoutables, l'Allemagne de Nowitzki également, l'Espagne de Juan Carlos Navarro monte en puissance, sans oublier bien sûr les Serbes, à domicile, grands favoris de l'épreuve.

Pour épauler Tony Parker à la mène, le sélectionneur avait réussi un grand coup : convaincre Antoine Rigaudeau, mon idole, de porter à nouveau le maillot tricolore, plus de quatre ans et demi après sa dernière sélection. Fâché contre la fédération française suite à un problème de primes non payées à la fin des JO 2000, « le roi » – son surnom – a donc décollé à nos côtés, en compagnie de la base de notre future équipe de France : Boris Diaw, « Tipi », Mickaël Gelabale qui fêtait ses premières apparitions sous la tunique nationale, et moi. Sans oublier le géant Frédéric Weis, 2 m 17, mon frère, et encore le guerrier Cyril Julian.

Mais rien ne se passe comme prévu. Après trois rencontres et déjà deux défaites, l'élimination se rapproche à grand pas. Tony est invisible. Un fantôme. Sur les rotules après une éprouvante et interminable saison avec les Spurs, ponctuée par son deuxième titre NBA, il n'a plus ses jambes de feu et la pression, sur ses épaules, est trop grande. Antoine Rigaudeau, avec toute son expérience, prend donc le relais. Un régal de jouer pour la première fois avec ce sportif que j'admirais, lors de ma première année à Pau-Orthez, sa dernière saison en France.

Les résultats ne suivent pas, mais Claude gère à merveille les *ego*. Pour éviter tout souci, il laisse Rigaudeau débuter chaque rencontre à la place de Tony. Il le nomme même capitaine. Tony, très respectueux envers Bergeaud et son partenaire, ne bronche pas.

Antoine Rigaudeau n'était pas revenu en équipe de France les mains dans les poches. Il nourrissait beaucoup d'ambition pour l'ultime campagne internationale de sa carrière. Lors de la préparation, alors que nous nous entraînions à l'Alpe d'Huez, il a fait une promesse plutôt motivante : si nous décrochions une médaille, il nous offrait, à tous, une montre de luxe gravée à notre nom.

Après ce premier tour chaotique, un match décisif nous attendait. La victoire ou la mort. Les pronostics ne plaidaient pas en notre faveur. À Novi Sad, devant un public déchaîné, nous affrontions la Serbie pour cette rencontre de barrages, qualificative pour les quarts de finale. L'équipe locale venait, elle aussi, de manquer le début de la compétition.

Face à nous, des stars : Bodiroga, Radmanović, Rakočević, Jarić, les meilleurs joueurs européens réunis sous le même maillot. Quasiment la meilleure équipe au monde. La seule, sur le papier, qui aurait pu rivaliser avec les États-Unis. Mais une équipe déchirée par une guerre constante d'*ego*. La Serbie vivait la même situation que nous, deux ans plus tôt. Certains joueurs, comme Marko Jarić, avaient été épinglés par la presse locale et pris en photo, bourrés, dans des boîtes de nuit, la veille de rencontres.

Ce fut un match épique. Nous avons été héroïques. Lorsque je rentre sur le parquet, l'atmosphère est surchauffée par 8 000 supporteurs serbes hurlants. Cris de singe, insultes, chants haineux. Mais Antoine Rigaudeau ne se laisse pas impressionner. En première mi-temps, il nous maintient à flots. Puis nous suivons tous son exemple. Tony se réveille, tout comme Mick Gelabale, Boris Diaw et l'ensemble de l'équipe. Les chants s'éteignent peu à peu. Nous affrontons les yeux dans les yeux un pays tout entier. La pression pèse sur les épaules des Serbes et ils finissent par craquer. Une victoire historique. Incroyable. Inoubliable. La plus belle avant ce succès en demi-finale de l'Euro 2013 face à l'Espagne. Impossible n'est jamais Français. Surtout lorsqu'on est dos au mur.

Nous sommes lancés. Rien ne semble pouvoir nous arrêter. Le quart de finale, face à la Lituanie, a des allures de balade. Notre confiance est à son summum avant d'affronter la Grèce. Pendant trente-huit minutes et quarante-huit secondes, la finale nous tend les bras. Le match est quasi parfait. Tony vient d'inscrire un tir à trois points et nous menons (58-51). Il ne reste qu'une minute et des brouettes. Rien ne peut nous arriver. Dans ma tête, ça y est. J'aperçois déjà cette ultime rencontre et ce premier titre.

Soudain, le paradis s'éloigne. Plus rien ne fonctionne. Tony m'envoie une passe qui file en touche. Première erreur. Elles vont s'accumuler. À trente secondes du terme, on mène malgré tout de quatre points. Puis, un concours de lancers francs s'installe. Antoine Rigaudeau, avec ses deux titres d'Euroligue derrière lui et son immense palmarès, peut réparer nos erreurs de jeunesse. Il devrait valider notre victoire. *A priori*, la pression ne l'atteint pas. Sauf ce soir-là. À quatorze secondes de la fin, il rate un lancer : 65-62, pour la France.

Boris commet une faute stupide et les Grecs reviennent à un point. Rebelote. Rigaudeau est envoyé sur la ligne des lancer-francs. Je n'y crois pas. À nouveau, il manque sa première tentative. Le tableau affiche 66-64 et onze secondes à jouer. Une éternité. Surtout pour Diamantídis qui marque à trois points sur la dernière action.

Le trou noir. Je suis perdu, esseulé. Je pleure. L'impression terrible d'avoir raté quelque chose d'énorme. Nous aurions pu, nous aurions dû être champions d'Europe. Nous l'avions mérité. Face aux Serbes, nous étions revenus de l'enfer. Nous y avons replongé. Cruelle défaite.

Dans les vestiaires, Antoine Rigaudeau a pris la parole : « *Être déçu, c'est normal. Mais la compétition n'est pas terminée. On a un match à gagner demain et une médaille de bronze à décrocher !* »

Face à nous et face aux médias, il a endossé toute la responsabilité de cette défaite. Il nous a remobilisés. Il voulait cette médaille et refusait l'abandon. Nous ne devions pas lâcher prise. Malgré la déception, les mots d'Antoine m'ont touché. Le lendemain, nous avons réalisé notre meilleur match face à l'Espagne qui, plus tard, allait nous barrer la route. Une victoire avec trente points d'écart (98-68). Un massacre. Un sentiment amer subsistait en travers de la gorge. Ce jour-là, avec Tony et tous les autres, nous nous sommes promis d'être un jour champions d'Europe. Après une telle désillusion, nous voulions goûter au plus vite au plaisir d'une victoire finale.

Antoine Rigaudeau a honoré sa parole. Deux mois plus tard, j'ai reçu une petite boîte. À l'intérieur, une montre magnifique avec la mention : « *Championnat d'Europe 2005, médaille de bronze* » et mon nom gravé de l'autre côté. Ce cadeau nous a tous émus. Notamment Boris Diaw. Avant l'Euro 2013, il a repris le même discours que notre capitaine de l'époque. En cas de titre, le premier de notre histoire, il marquerait le coup avec une montre pour toute l'équipe et l'ensemble du staff. Promesse tenue !

La montre reçue en 2005 et la médaille de bronze restent mes seuls souvenirs de cette compétition. Mon maillot, je l'ai offert à Claude Bergeaud, le sélectionneur. À mes yeux, il est plus qu'un simple entraîneur. Depuis mon arrivée en métropole, il m'a aidé et soutenu. Claude m'a vu grandir et a toujours cru en moi. Ma carrière n'aurait jamais connu une telle réussite sans sa présence.

Plus tard, nous avons repris l'habitude de ce « cadeau ». À la fin des compétitions, chaque membre du staff tire au sort le nom d'un joueur et « gagne » son maillot, dédicacé. Avec toujours quelques mots très personnels.

IV

LE CLASH

Claude Bergeaud n'a pas connu que des jours heureux jusqu'au terme de son contrat avec les Bleus, fin 2007. Une année après cette historique médaille de bronze, nous participions au Mondial 2006 au Japon. Une première pour la France depuis 1986. Mais la blessure à la main de Tony Parker à quelques jours de la compétition a rapidement douché notre optimisme et quasiment réduit à néant nos chances de monter sur le podium.

Notre parcours a cependant été tout à fait honorable. Hormis une défaite, honteuse, face au Liban au premier tour (74-73). La veille de cette rencontre, tous les joueurs libanais sont venus vers nous pour faire des photos et signer des autographes. Nous manquions de motivation et nous nous sommes fait piéger. Remobilisés, nous sommes parvenus jusqu'en quart de finale avant d'être logiquement battus (73-56) par notre bête noire, la Grèce. Lors des matchs de classement, nous nous sommes repris pour dominer successivement l'Allemagne et la Turquie. Avec une bonne cinquième place à la clef.

Ce résultat n'a pourtant pas satisfait tout le monde. Notamment Yvan Mainini, le président de la fédération française. Juste après cette défaite face aux Grecs, futurs finalistes de l'épreuve pour avoir réalisé l'exploit de dominer l'équipe américaine en demi-finale, il a tenu des propos fracassants à un journaliste du *Parisien* présent au Japon.

« *Vous espériez mieux avec les cinq joueurs NBA de l'équipe de France ?*

– Il faut arrêter avec ça. Pour moi, on n'a que deux joueurs NBA : Tony Parker et Boris Diaw. Et avec eux, il n'y a aucun problème. Les autres n'ont pas fait leurs preuves. Aujourd'hui, il y a des joueurs totalement transparents. Ce sont des pros, pour moi ils n'ont pas fait leur boulot. »

Le lendemain matin, les joueurs étaient alertés, l'interview venait d'être publiée dans le quotidien. Pour nous, pour Mike, notamment, qui à l'époque occupait une place importante au sein des Warriors de Golden State, ce commentaire était intolérable. Durant toute la compétition, déjà, nous avions entendu Mainini à plusieurs reprises prononcer des mots désagréables. Les supporteurs à proximité, non loin du banc de touche, ou les membres du staff nous les avaient rapportés. Yvan Mainini ne se montrait pas tendre. Nous faisions, paraît-il, « *honte à la France et au basket français* ». Nous étions tout de même parvenus à nous contenir jusqu'à la fin de la compétition. Mais le point de rupture entre nous venait d'être atteint.

À la fin de notre dernière rencontre victorieuse, face à la Turquie, le président Mainini s'est pointé dans les vestiaires. Pour nous féliciter ! Cette apparition nous a paru totalement déplacée, surtout après les propos qu'il avait osé tenir tout au long de la compétition.

Le ton est monté. La situation était explosive. L'atmosphère, brûlante. Je n'acceptais ni ses félicitations ni son intrusion dans notre vestiaire. Mike était très tendu. Comme moi, il a réagi avec véhémence. Ça pouvait dégénérer à tout moment. J'ai refusé de serrer la main du président et de le regarder dans les yeux. Nous étions venus défendre les couleurs de notre maillot, de notre pays, et nous avions le sentiment d'être trahis par notre propre camp.

Tout le monde semblait remonté. Même Tony. Le staff et les joueurs ont poussé Mainini hors du vestiaire. Heureusement.

Je pense que c'est à partir de cet instant précis que mon frère a été volontairement écarté de la sélection. Face à la Turquie, il a honoré la quarante-quatrième et dernière de sa carrière. Ensuite, beaucoup de rumeurs ont circulé pour expliquer son absence. Il y a eu des blessures, bien sûr, mais aussi énormément d'incompréhension et une certaine pression pour l'écarter de l'équipe. Selon moi, ses qualités de basketteur et ses qualités humaines n'ont pas à être remises en question. Mais après cet épisode, on a voulu faire un exemple. Je n'ai aucune preuve, mais je reste persuadé que le président a interdit à ses sélectionneurs de le retenir. Pourquoi suis-je toujours en équipe de France ? Moi aussi, je me suis énervé. Il fallait un coupable, Mickaël Piétrus a été désigné.

En premier lieu, c'est Claude Bergeaud qui a pris la décision de se priver de mon frère. Malgré les critiques du président à son égard lors du Mondial 2006, Claude avait conservé son poste et devait préparer l'Euro 2007. Au printemps, il se déplace à Malaga et, au restaurant, m'annonce sa décision : « *Je ne sélectionnerai pas ton frère. Il n'est pas encore au courant et je voulais que tu le saches en premier.* »

J'étais très déçu. Clairement, ça me faisait chier ! J'aurais pu mettre ma sélection en balance, lui répondre : « *S'il ne vient pas, moi non plus.* » Cette idée m'est passée par la tête. Finalement, je me suis ravisé. J'avais de la peine pour Mike, mais aussi pour Claude qui, cette année-là, s'était complètement trompé. Il avait décidé de renouveler son effectif. L'équipe composée l'année précédente venait pourtant de faire ses preuves et n'attendait que des encouragements pour progresser. Mais ni mon frère ni Mickaël Gelabale n'ont poursuivi l'aventure. D'autres, comme Tariq Kirksay – un Américain naturalisé –, ont débarqué.

L'explication du sélectionneur parut étrange : « *Je me suis demandé si Tariq n'était pas plus Français que certains de nos joueurs qui jouent en NBA.* »

À mon avis, ce n'était qu'une excuse bidon. Je lui en ai voulu pour cette déclaration. Je n'étais pas le seul. Mais il a certainement était soumis à quelques pressions...

Comme prévu, la campagne fut désastreuse. Un échec complet. Après une élimination face à la Russie en quart de finale, notre descente aux enfers s'est poursuivie jusqu'à la huitième place. Les Jeux Olympiques de Pékin, en 2008, nous passaient sous le nez alors qu'une simple septième place aurait pu nous y envoyer. Un été cauchemardesque. Un de plus.

En juillet 2011, alors qu'Yvan Mainini avait rendu son tablier un an plus tôt après dix-huit années de présidence, Mike a failli revenir en équipe de France. Mais un genou en vrac l'a empêché de participer à l'Euro en Lituanie. On l'a accusé d'être négligent, de ne pas avoir pris la précaution de se soigner plus tôt alors que sa saison NBA avec les Suns de Phoenix s'était achevée fin avril. Il venait pourtant d'effectuer plusieurs voyages en Chine et en Allemagne pour consulter des spécialistes.

En mai, l'année suivante, en dévoilant sa liste pour les JO 2012, le sélectionneur, Vincent Collet, a avancé un nouvel argument lors d'une conférence de presse : « *Cela aurait été dangereux de faire revenir Mike Piétrus.* [...] *J'ai pensé qu'il ne pouvait pas simplement se rajouter au noyau fort de mon groupe mais qu'il avait le caractère et la volonté de bousculer cette hiérarchie. Et ça, je ne le voulais pas.* »

Je respecte totalement le choix du coach, mais je ne suis pas d'accord. Mike n'est pas un fouteur de merde. En NBA, à Boston par exemple, il a côtoyé de grands joueurs comme Kevin Garnett, Paul Pierce et Ray Allen sans avoir le moindre souci. Cette étiquette de joueur difficile lui a simplement été collée au front, sans fondement.

D'autres bruits absurdes me sont parvenus aux oreilles : depuis quelques années, Tony Parker aurait mis son veto à la présence de

Mike parmi les Bleus. Une affirmation ridicule. Selon moi, c'est une histoire montée de toutes pièces par les journalistes. Je n'y crois pas une seule seconde. On critique le caractère de mon frère, sa franchise. Effectivement, il ne se gène pas pour dire ce qu'il a à dire. Mais cela n'est en rien contraignant. Surtout vis-à-vis de Tony. Mike et lui, contrairement à ce qu'imaginent certains, s'entendent très bien. Ils dînent fréquemment ensemble aux États-Unis lorsqu'ils ont l'occasion de se rencontrer. Ils s'apprécient réellement.

Mike et moi, nous vivons une relation fusionnelle. Comme des jumeaux. Depuis tout petit, nous partageons les mêmes loisirs, les mêmes joies, les mêmes souffrances. Durant des années, nous nous sommes épaulés, réconfortés et motivés. Chacun a poussé l'autre à viser plus haut. Nous nous sommes donné mutuellement les moyens d'y arriver. Son insouciance, voire sa folie, m'a toujours impressionné. Parfois, je l'envie. Contrairement à lui, je suis beaucoup plus réfléchi. Avant d'agir, je pense d'abord aux conséquences de mes actes. Quelquefois à tort. J'hésite à me lancer, je tergiverse. Mike est beaucoup plus direct. Sur ce point-là, nous sommes, c'est vrai, à l'opposé l'un de l'autre. On le taxe à tort d'égoïsme, il agit plutôt par instinct. Dès qu'il ressent quelque chose, il fonce. Mais cela est souvent mal interprété. Les critiques l'ont blessé. Il a été marqué par toutes ces histoires autour de son caractère, à propos de Tony. Depuis, il s'est renfermé et je le comprends. Il hésite avant de parler aux journalistes. Il ne souhaite plus se confier ni s'épancher dans la presse. À sa place, j'agirais sûrement de la même manière. Chacun de ses propos est décortiqué. On cherche toujours la petite bête. Mais derrière l'homme qui peut paraître froid au premier abord, se cache un véritable pitre ! En privé, il ne cesse de rigoler et d'enchaîner les blagues. Il est capable d'imiter ses coéquipiers ou de se déguiser, uniquement pour le plaisir.

Ne plus l'avoir à mes côtés, chaque été en bleu, m'est difficile. J'aurais aimé partager les dernières médailles en sa compagnie.

Toute l'aventure avait débuté avec lui, Tony Parker, Boris Diaw et Mickaël Gelabale. Peut-il encore nous retrouver ? Oui, je l'espère ! Lui, n'a jamais fermé la porte au maillot tricolore. Actuellement, sa situation personnelle, après une année blanche suite à différents pépins physiques, ne plaide pas en sa faveur, mais je reste persuadé qu'il va retrouver le plus haut niveau. Nous avons déjà réussi à nous relever, ensemble, de situations bien plus périlleuses. Ce n'est qu'un petit épisode, certes douloureux, mais il reviendra. C'est certain.

V

UNE NOUVELLE GÉNÉRATION AU POUVOIR

En mars 2009, Vincent Collet, l'adjoint d'Alain Weisz en 2003, est nommé sélectionneur de l'équipe de France. Alors que je viens de fêter mes vingt-huit ans, une autre aventure débute. Une nouvelle génération a pris le pouvoir dans l'équipe de France. Des règles différentes sont dictées. Bref, un vent frais souffle sur les Bleus.

Après les derniers traumatismes que nous avons connus, plus personne ne voulait revivre de telles situations. Tacitement, une consigne s'est propagée. Malgré les *ego* des uns et des autres, les ambitions et objectifs personnels ou le palmarès, hors de question de se tirer une balle dans le pied. Le groupe ne peut et ne doit, sous aucun prétexte, se désunir.

Boris Diaw, Tony Parker, Mick Gelabale et moi formons la pierre angulaire de cette équipe. Avec Ronny Turiaf, lorsqu'il était à nos côtés, nous avions tout fait pour créer un environnement sain et serein. Pour repartir de zéro après de multiples désillusions. L'heure des générations 81, 82 et 83 a sonné.

Principal point à gérer : la vie du groupe. Claude Bergeaud, qui gardait en tête la mauvaise ambiance du désastreux Euro 2003, juste avant sa prise de fonction, y portait déjà une attention particulière. Nous avons perpétué la tradition. En bon représentant du Sud-Ouest, il aimait déconner. Avec Boris, un Bordelais, fêtard dans l'âme, ils avaient instauré le jeu du bonnet d'âne. Tous les soirs, un vote désignait la connerie du jour. Le gagnant devait porter ce bonnet pendant le repas du soir !

Pour souder l'équipe durant les quelques semaines précédant une compétition, de nombreuses activités étaient organisées : rafting, escalade, VTT, canoë-kayak. Dans le bus, les cartes avaient pris le pas sur les écouteurs, les casques, la musique et les films en solo. Notre jeu de prédilection : le trou du cul, où chacun se bat pour être le fameux président. Je l'ai appris, avec Boris, lors de nos années paloises. Avec Nicolas Batum et Mick Gelabale, nous sommes devenus accros. À l'aéroport, dans l'avion, le train ou les vestiaires. Tony Parker n'est pas le plus mordu. Lorsque nous sommes à table, il préfère Mafia, un jeu de rôle et de stratégie.

Avant de débuter une carrière à nos côtés, les nouveaux subissent un bizutage en règle. Un passage obligatoire. Même si je ne l'ai pas vécu lors de mon arrivée en équipe de France, je ne veux pas passer à côté de cette tradition. Le responsable de l'organisation, c'est Boris, le capitaine. Il a, par exemple, ordonné à Yakhouba Diawara un entraînement sans short. Une bonne idée. Malheureusement, depuis, Boris a changé. Il est devenu trop gentil.

Chaque été, il se contente de lancer des ballons dans les tribunes de la salle de Pau, ville dans laquelle nous débutons tra ditionnellement nos campagnes, et les bizuts doivent grimper les marches pour les récupérer. Parfois, nous leur faisons entonner l'hymne national dans un restaurant ou à l'aéroport. En 2013, Kim Tillie, Joffrey Lauvergne, Thomas Heurtel et Evan Fournier ont dû s'y coller au milieu de la foule. Seul Joakim Noah a été exempté lors de sa venue.

J'aimerais reprendre en main le bizutage. Il ne s'agit pas d'humilier les jeunes arrivants, loin de là, mais il faut que leur premier passage soit davantage marquant. Lorsque j'ai eu le loisir de m'en occuper, tout a changé. En 2012, lors d'une journée en canoë-kayak, j'ai fait plonger Rudy Gobert dans l'eau. Il a crié comme un gamin ! Un peu plus tôt, Claude Marquis, Yannick Bokolo et Pape Badiane ont dû grimper les lacets de l'Alpe d'Huez à VTT. Nous les suivions dans une voiture pour les encourager. Comme ils galéraient, nous avons pris leur place quelques minutes, avant de retrouver notre siège pour terminer l'ascension.

En 2010, Andrew Albicy a également eu droit à son propre bizutage. Alors que nous logions à Lyon, je l'ai appelé dans sa chambre à 1 heure du matin. J'avais faim : « *Andrew, j'ai envie d'un McDo. Va me le chercher.* » Le restaurant, ouvert une bonne partie de la nuit, était à moins d'un kilomètre de l'hôtel. Il n'a pas bronché, il est parti à pied sans hésiter.

Edwin Jackson, le même été, a dû porter mon sac plusieurs jours d'affilée : je l'abandonnais devant sa porte, en partant. Il me le livrait dans ma chambre, à l'arrivée à l'hôtel suivant.

Je ne suis pas tyrannique. Après ce petit bizutage, j'avais envie de leur faire plaisir, me souvenant qu'à mes débuts les anciens m'avaient offert beaucoup de choses, malgré les tâches parfois ingrates qu'ils m'imposaient. Je tenais à faire pareil. Je les ai donc emmenés dans plusieurs boutiques où ils ont pu choisir à leur guise vêtements ou jeux vidéo. J'ai réglé l'addition de bon cœur.

Depuis notre avènement en équipe de France, aucun souci disciplinaire majeur n'est à signaler. Bien sûr, nous avons connu quelques sautes d'humeur, mais rien qui puisse mettre en péril notre équilibre. Les expériences passées, notamment en 2003, nous ont beaucoup servi et ont façonné la vie du groupe. Le respect a toujours été le pilier de notre sélection.

Dans le bus, par exemple, contrairement à ce que l'on a pu entendre à propos de l'équipe de France de foot à une époque, aucun jeune n'ose piquer nos places. Nous avons tous nos petites habitudes. Tony est installé au fond, à droite, lorsqu'on rentre.

Moi, à gauche, au fond également. Mick est juste devant moi et Boris au milieu, au niveau de la porte arrière.

Je n'ai connu qu'une seule embrouille. Durant l'été 2009, avec Ali Traoré. L'intérieur de Villeurbanne débutait en équipe de France. À Paris, durant la préparation, il m'a insulté pendant un entraînement. Je l'ai très mal vécu. Je ne m'y attendais pas. Immédiatement, Tony l'a pris à part, Vincent Collet également. C'était un manque de respect dû aux anciens, à notre hiérarchie. Ils le lui ont fait comprendre. Notre différend a été assez vite réglé. Ali a le sang chaud, ses mots étaient durs à encaisser, ils m'avaient choqué. Depuis, j'ai appris à connaître le personnage. Je ne lui en veux plus.

Cette considération pour les anciens ne s'établit pas sur nos dates de naissance ou notre palmarès. Mais sur le nombre de sélections. À ce jeu-là, avec Boris Diaw, nous nous tirons la bourre.

Tout a débuté pendant l'été 2009 lors d'un match, en fin de matinée, face à la Croatie. Une rencontre anecdotique, sans véritable enjeu. La veille, Boris s'était foulé la cheville. Quelques heures plus tard, ne pouvant pas poser le pied à terre, il était accoudé à ses béquilles. Mais le lendemain, il tenait à être sur le banc, un maillot sur le dos, même s'il était dans l'incapacité d'entrer en jeu. Son seul objectif : décrocher une sélection supplémentaire pour dépasser, un jour, sa mère, Élisabeth Diaw-Riffiod, l'une des meilleures joueuses du basket français, avec ses deux cent quarante-sept matchs avec les Bleues.

Boris et moi n'arrêtons pas de batailler. Chacun souhaite être le plus capé de notre génération. Pourtant, nous n'avons pas les mêmes ambitions. Longtemps, j'ai tenu à dépasser les cent soixante-dix sélections de Jim Bilba pour que les comparaisons cessent. Lorsque j'ai atteint mon but – enfin, j'avais fait mieux que *le* monument –, j'ai annoncé, en plaisantant, ma retraite internationale. Mais je me suis pris au jeu et je ne veux pas laisser Boris faire cavalier seul.

Lors des JO 2012, je me suis cassé le nez en début de compétition. Je voulais cependant être inscrit sur la feuille de match, même si mon état m'empêchait de rentrer sur le terrain. En compagnie de Boris et de Fabrice Canet, responsable presse de l'équipe de France et responsable du pointage des sélections, un long débat a débuté. Finalement, Fabrice a eu le dernier mot et a changé les règles : apparaître sur la feuille de match ne garantit plus une sélection automatique supplémentaire. À présent, pour l'obtenir, il faut physiquement être apte à rentrer sur le terrain. Ce qui n'était le cas ni pour Boris en 2009, ni pour moi durant les Jeux.

Cette course à la sélection n'est pas sans fondement : le joueur le plus sélectionné obtient la priorité absolue à n'importe quel moment et dans n'importe quelle situation. Pour aller chez le kiné, s'asseoir à table ou choisir les meilleurs sièges dans l'avion. Même Tony Parker, qui a raté plusieurs campagnes internationales au cours de sa carrière, a dû me céder sa place pour enregistrer mes bagages à l'aéroport.

Tout le monde l'a compris, il suffit de prononcer le mot *sélection* pour que les autres s'écartent. Parfois, j'en abuse. Alors que je prenais l'ascenseur avec Johan Petro et Mick Gelabale, je les ai fait sortir pour continuer tout seul. Il n'y a que Boris Diaw qui peut avoir de l'autorité sur moi. Avec ses cent soixante-dix-huit sélections [1], il me devance de deux unités, mais je ne m'avoue pas vaincu ! On risque cependant d'avoir beaucoup de mal pour rattraper un jour Hervé Dubuisson, le recordman français, avec deux cent cinquante-quatre rencontres internationales jouées dans les années 1980 et 1990. Un shooteur fou, capable d'inscrire cinquante et un points avec le maillot tricolore et d'enchaîner les tirs à trois points du milieu du terrain, assis sur une chaise !

1. Chiffres arrêtés avant l'été 2014 et le début de la préparation pour la Coupe du Monde en Espagne

Les règles, essentiellement instaurées par Boris, avec la complicité de notre staff, sont nombreuses. Aux repas, par exemple, les téléphones sont bannis. Tout comme les sodas. Nous ne buvons que de l'eau. À l'hôtel ou durant nos stages de préparation, nous nous réunissons toujours autour d'une grande tablée. Les places ne sont pas figées. Notre capitaine tient à ce que nous nous déplacions régulièrement et que nous parlions avec tout le monde. Interdiction également de se lever avant le dessert. Enfin, dès que la compétition débute, personne n'a le droit de quitter la résidence. Les sorties nocturnes sont prohibées. « *Chacun doit rester concentré sur notre objectif* », se plaît à répéter Boris.

Lorsque ces règles ne sont pas respectées, les amendes pleuvent. Leurs montants sont exponentiels. Le premier retard, que ce soit pour prendre le bus, assister à une séance vidéo ou un repas, est tarifé à 20 euros. Le deuxième grimpe à 40 euros, puis à 80 pour le suivant. Et ainsi de suite. Boris tient les comptes et note toutes ces informations sur un grand tableau installé dans la salle à manger. En fin de compétition, nous offrons cette cagnotte à une association caritative.

Les Guyanais sont les plus « généreux ». Kévin Séraphin a pris la succession du – déjà – très « prodigue » Claude Marquis. On m'avait prévenu, mais je n'attendais pas à ce que j'ai connu. Kévin est un être à part, toujours en retard. Lorsque ce n'est pas le cas, il se trompe de couleur de maillot pour l'entraînement. Mon opposé. Moi, lorsque je dépasse l'heure indiquée d'une seule minute, je panique. Lui, il reste zen. Trop zen !

En cas de litige, un tribunal se réunit et prononce un jugement. Un jeu instauré par l'inénarrable Boris Diaw, à l'imagination débordante, dont le père est avocat, Chaque accusé peut se défendre et plaider sa cause.

L'été 2013, par exemple, Jacky Commères, l'un des assistants de Vincent Collet, avait noté sur le tableau l'heure de la séance vidéo. Entre-temps, il l'avait annulée sans nous prévenir de vive voix. À 18 heures, l'horaire initialement prévu, Boris, Tony, Mick et moi sommes descendus dans la salle réservée à cet effet. Mais elle était vide. Boris a donc convoqué le tribunal pour condamner Jacky à une amende. Patrick Beesley, responsable de l'équipe de France, était installé dans le fauteuil de juge. Ruddy Nelhomme, le deuxième assistant, était en charge de la défense, et Boris, lui, détaillait les charges pesant sur Jacky. Une véritable série télé produite par Boris Diaw !

Contrairement à mon coéquipier, je n'ai pas son inventivité et ses talents d'improvisateur. Mais j'en ai un autre : la chanson. J'adore ça. Sous la douche ou dans les vestiaires avant un match, je chante. Une façon d'exprimer ma joie de vivre. Lorsqu'ils m'entendent, mes coéquipiers sont rassurés. Ils savent que je suis de bonne humeur. Cette disposition n'est pourtant pas reconnue à sa juste valeur… Selon Mick Gelabale, j'ai « *une voix aiguë et affreuse* ».

Lui, on l'entend rarement. Il ne fredonne qu'en ma présence. À mes côtés, il se lâche et se fiche du regard des autres. Mick est un homme plus réservé. Depuis le départ de mon frère en équipe de France, nous partageons la même chambre lors de tous nos déplacements. Avec Mick, originaire de Pointe-Noire, en Guadeloupe, nous formons le clan des Gwada Boys. Toutes nos discussions se déroulent en créole. Nos coéquipiers s'y sont habitués. Même Boris, qui n'a pourtant rien d'un Antillais, s'y est mis. Il se prend pour un Martiniquais ! Un jour, il a traduit, sur le tableau, le programme de la journée en créole en remplaçant les R par des W…

Mick est mon pote. Bien plus qu'un simple coéquipier. Notre relation est unique. Tous les deux, nous vivons presque une histoire d'amour. Pour le chambrer, je l'appelle « *ma femme* ».

« *J'assure le rôle de Christelle pour qu'il se sente bien dans sa tête* », se plaît-il à raconter.

On s'aime comme deux frangins. Nous rigolons tout le temps, nous nous chamaillons. Parce qu'il a deux ans de moins – Mick est né en 1983 –, je m'amuse à lui donner des ordres. En tant que doyen, je choisis mon lit dans la chambre d'hôtel. Généralement, loin du téléphone. Je préfère, s'il sonne, le laisser décrocher. J'adore jouer au chef : « *Va éteindre la lumière... Tire le rideau... Rapporte-moi l'ordinateur...* » Même s'il affirme parfois que je suis trop autoritaire, il obtempère toujours avec un grand sourire.

Nous menons réellement une petite vie de couple en équipe de France. Lorsque je me rends en ville, j'en profite pour lui acheter ses madeleines et son jus d'orange préférés, indispensables lors de son réveil. Je prends soin de lui.

Même sur le terrain, chacun veille sur l'autre. Lorsque Linas Kleiza, le Lituanien, m'a cassé le nez lors des JO 2012, une minute seulement après mon entrée en jeu, Mick s'est emporté. Mais contre moi.

« *Flo, ton nez est cassé, sors du terrain !*

– *Ça va aller, ce n'est qu'un coup.*

– *Si tu ne sors pas, je vais te chercher et t'amener sur le banc !* »

Il est remonté, et ce n'est qu'un début. Un peu plus tard, de retour sur le banc de touche, il me voit la tête entre les jambes, un coton dans les narines. Il s'adresse, énervé, au médecin de l'équipe :

« *Mais il faut l'emmener à l'hôpital !*

– *Pas la peine, je lui ai donné de l'arnica. On va attendre de savoir si le coach a encore besoin de lui.* »

Mick est furieux : « *C'est inadmissible, tu dois l'amener à l'hosto !* »

Nous ne nous sommes pris la tête qu'une seule fois. Lors d'un affrontement en finale de l'Eurocoupe, en avril 2012, entre Valence, mon équipe, et son club du Khimki Moscou qui évoluait à domicile. À la toute fin du match, alors que le score est très serré, j'intercepte une remise en jeu. Je monte tout de suite au panier mais, selon les arbitres, Mick me contre à la régulière. Je ne suis pas d'accord. Je suis furieux. L'action suivante, l'un de ses coéquipiers commet une reprise de dribble, non sanctionnée. Je m'emporte comme rarement. Tête à tête, face à l'arbitre, je lui explique, avec rage, mon opinion.

Dans la vie quotidienne, nous sommes pourtant très différents. D'après Mick, je suis maniaque. Ses affaires sont toujours éparpillées dans toute la pièce. Moi, je préfère les plier et les ranger dans les placards. Lorsque l'on doit quitter l'hôtel le lendemain matin, mon sac est prêt la veille au soir. Mick attend toujours la dernière seconde et préfère même se passer de petit déjeuner pour dormir davantage. C'est un couche-tard. Il ne ferme jamais les yeux avant 4 ou 5 heures du matin.

Le soir, on installe un ordinateur sur une chaise entre nos deux lits. On regarde ensemble films ou séries. Durant l'Euro 2013, toutes les saisons d'*Homeland* y sont passées. D'une manière générale, je privilégie les reportages à la télé. La téléréalité ne m'intéresse pas. Je préfère *Capital*, *Envoyé spécial*, ou *Enquête exclusive*.

En dehors de l'équipe de France, nous nous voyons peu. Malheureusement, le temps nous manque. Début 2013, j'ai pourtant réussi à le convaincre de signer avec Valence. L'année précédente, déjà, un accord était proche. Je voulais jouer à ses côtés. Mais il n'est resté qu'un mois. Avant qu'un club NBA – les Minnesota Timberwolves – ne le rappelle, près de cinq ans après son dernier passage aux États-Unis.

Durant ces quelques semaines, nous nous sommes bien marré. Je lui ai fait découvrir la ville, la plage, la paella locale à l'encre de seiche. Nous en avons également profité pour sortir en boîte de nuit. Mick est un vrai danseur. Johan Petro, un autre

Guadeloupéen, international tricolore, que j'ai connu à Pau lors de la saison 2003/2004, et lui ne s'arrêtent jamais. Chaque été, ils me chambrent. Je n'ai pas leur niveau. La musique est à peine allumée qu'ils se défient.

L'équipe de France a généré une bande de copains. Avoir l'effectif le plus talentueux n'est pas le plus important. La complémentarité prime. Elle s'avère même indispensable pour une campagne susceptible de s'étendre sur deux mois. On tire tous dans le même sens, avec la même envie, malgré nos *ego*. Porter ce maillot représente une grande fierté. Pourtant, tous les étés ne se ressemblent pas. Au mois de juin, régulièrement, des joueurs se retrouvent sans le moindre contrat. Contrairement aux footballeurs, les durées de nos engagements sont généralement courtes. En cas de blessure sous le maillot bleu, une carrière peut rapidement être mise en péril. Pourtant, Ronny Turiaf, Boris Diaw, Mick Gelabale ou moi l'avons prouvé : représenter notre pays reste un honneur suprême.

Aucun joueur ne vient pour l'argent ni pour arrondir généreusement ses fins de mois. Même si nous touchons une prime au terme de chaque compétition selon le résultat final – pour le titre de champion d'Europe, la somme s'élève à près de 50 000 euros, moitié moins que les Espagnols lors de leurs succès –, nous sommes à peine défrayés durant l'été. Et le montant varie selon le nombre de sélections. Boris et moi, les plus capés, touchons environ 150 euros par jour. Pour les plus jeunes, la somme peut être divisée par trois !

Aujourd'hui, deux groupes animent l'équipe de France : la génération 1988/89 et la nôtre, 1981/1984. La répartition des chambres suit cette logique. Nicolas Batum et Antoine Diot restent ensemble. Les pivots, Alexis Ajinça et Johan Petro, également.

Tony Parker partage la sienne avec Boris Diaw. Depuis nos années paloises, Boris a changé. Il est plus posé, plus calme. Ces deux-là ne risquent pas d'être surpris au milieu de la nuit dans un bar branché. De toute façon, Tony ne peut pas se le permettre. Dès qu'il pose un pied à l'extérieur d'un hôtel, c'est l'émeute. Et ce, dans n'importe quel coin de France, voire du monde... Se balader avec lui dans la rue est devenu mission impossible. Un garde du corps l'accompagne à chaque instant. Autographes, photos... les fans l'apostrophent sans arrêt. Tout le monde le reconnaît. À Strasbourg, durant l'été 2013, les gens l'observaient alors qu'il marchait dans les petites rues du centre-ville. Puis quelqu'un a osé s'approcher. Le début de l'enfer. Les passants se sont jetés sur lui. À quelques mètres, j'étais tranquille, constatant sa notoriété. Comme Zinédine Zidane, Tony Parker représente bien plus qu'un simple sportif. Il est une icône, une star planétaire.

J'avais prévenu Thomas Heurtel, l'un des petits nouveaux qui nous a rejoints ce même été : « *Tu verras, lorsqu'on se promènera, le pouvoir d'attraction de Tony Parker. C'est phénoménal.* »

Tony vit dans une autre dimension. À l'aéroport par exemple, les hôtesses n'ont d'yeux que pour lui. C'est fou ! Les gens poussent, se bousculent, juste pour l'approcher et lui serrer la main. À chaque fois, sa réaction m'étonne. Il reste toujours de bonne humeur et refuse rarement un autographe ou une photo, même s'il ne peut satisfaire tout le monde. Pour sortir sans se faire remarquer, une seule solution : l'évincer.

Au sein de l'équipe, Tony ne se réclame pas de son statut ou de ses titres NBA. Il traite chacun de ses coéquipiers de la même manière. Il met rapidement les plus jeunes à l'aise, pourtant impressionnés par sa stature. D'autres se montreraient hautains, arrogants. Lui reste naturel et assez simple.

Je suis très fier de son parcours que j'ai suivi depuis nos débuts, ensemble, en équipe de France, dès l'été 1997. Il n'a pas changé.

Pour moi, il n'est pas Tony-star-des-magazines-people, mais un ami. Je ne supporterais pas cette célébrité. Je n'aimerais pas mener cette vie-là. Je préfère la discrétion et mon quotidien loin des projecteurs. Me balader, faire mes courses, aller à la boulangerie chercher ma baguette, promener mon chien : des activités indispensables à mon équilibre. Pour Tony, tout ça, c'est interdit.

VI

LA MARCHE VERS L'OR

Durant des années, les désillusions sportives se sont enchaînées. Le titre nous échappait constamment. Étions-nous maudits ? Je ne cessais de me poser cette question. Pourtant, nous ne manquions pas d'espoir. Surtout en 2009. Après avoir été contraint, l'été précédant, de décliner la sélection en raison d'un problème au genou, j'étais de retour avec l'ambition de qualifier mon pays pour l'Euro, en Pologne.

Avant de nourrir les rêves les plus fous, nous devions endurer un périlleux tournoi de repêchage, quelques semaines à peine avant l'Euro, à cause d'une qualification manquée un an plus tôt et marquée par de nombreuses absences de marque – Boris Diaw, Mick Gelabale et moi avions déclaré forfait pour différentes raisons. Une dernière chance s'offrait à nous. Le début d'un été marathon.

Vincent Collet, notre nouveau sélectionneur, avait retenu la date du 12 juillet comme point de départ de notre préparation. L'Euro, en cas de qualification, ne débutait que le 7 septembre. Avant sa nomination, d'autres grands noms du basket mondial avaient circulé : le Serbe Božidar Maljković, champion d'Europe avec Limoges en 1993, les Italiens Ettore Messina et Sergio Scariolo, également pressentis. Je n'y étais pas favorable. Beaucoup trop de pays font appel à des sélectionneurs étrangers. Entendre parler anglais, italien ou espagnol à l'entraînement et durant les temps morts m'aurait gêné. Je souhaitais conserver notre identité française.

Dès ce mois de juillet, nous étions déjà focalisés sur les prochains Jeux Olympiques de Londres, trois ans plus tard. Une charte avait même été signée par l'ensemble des joueurs s'engageant à être présents, chaque été, jusqu'à cette ultime compétition. La première étape se déroulait à merveille. Avec des matchs à enjeu, nous préparions, au mieux, l'Euro polonais. L'occasion de découvrir de jeunes talents, Antoine Diot et Nicolas Batum notamment. Le groupe avait rajeuni et la mayonnaise pris naturellement. Une nouvelle identité s'était créée, notamment grâce à notre victoire en match retour, à Pau, lors de la finale de ces repêchages face à la Belgique. Après une courte défaite au match aller, nous avions rectifié le tir avant de communier avec un Palais des sports incandescent. Un *Paquito* géant, avec les supporteurs, avait même été improvisé. Une nouvelle équipe de France était née.

Le 7 septembre, nous étions prêts. Les résultats ont logiquement suivi. Six matchs, six victoires. Une médaille nous tendait les bras. Un quart de finale abordable, face à une formation largement à notre portée, aurait dû récompenser notre parcours sans faute. C'était compter sans les calculs espagnols. Après un début de compétition manqué, je soupçonne l'Espagne d'avoir lâché sa dernière rencontre en s'inclinant face à un adversaire à l'effectif bien moins clinquant, et, de fait, choisi volontairement cet affrontement. Nous étions écœurés par ce stratagème. Frustrés. Psychologiquement, nous avons pris un coup au moral. À ce stade-là, rencontrer le grand favori de l'épreuve réduisait à néant nos ambitions. Après tant d'efforts, nous sommes passés complètement à côté de l'événement.

Malgré la lourde défaite (86-66), nous avons réussi à préserver l'essentiel : une qualification pour le Mondial 2010, réservée aux sept premiers, glanée après deux nouveaux succès lors des matchs de classement. Une compétition où nous avons peiné à exister.

Tony Parker forfait – il a souhaité prendre du repos après une saison riche en blessures –, nous nous sommes envolés pour la Turquie, le pays organisateur, sans grande ambition. Sans notre leader, le moral n'était pas vraiment au beau fixe. Surtout que Ronny Turiaf, Kevin Séraphin, Antoine Diot et Rodrigue Beaubois, sans oublier Joakim Noah, allaient également manquer cette compétition, pour blessures principalement ou par volonté personnelle. Après un succès inaugural face à l'Espagne, la presse s'est enflammée. Mais quelques jours plus tard, le ton a considérablement changé. Après une humiliante défaite (82-70) face à la Nouvelle-Zélande, une nation de second rang mondial, les Turcs, devant leur public, nous attendaient en huitième de finale. Nous n'avons pas existé. La raclée fut sévère (95-77).

Malgré la déception sportive, j'avais retrouvé mon leadership au sein de l'équipe de France. Un an plus tôt, l'arrivée de Vincent Collet avait considérablement réduit mon rôle, notamment en attaque, et mon temps de jeu. Je m'étais senti exclu. Mal dans ma peau, je n'ai pas caché ma déception aux journalistes qui m'interrogeaient. Vincent l'a compris. Intelligemment, il a entendu mes requêtes et, petit à petit, de nouveaux systèmes de jeu ont été mis en place. Je me suis libéré.

Quelques semaines avant le début de l'Euro 2011 en Lituanie, un frisson me parcourt. Joakim Noah rejoint l'équipe de France. Tony m'a appelé pour me prévenir. Il était très excité. Tout au long de l'année, il l'avait motivé et avait fini par le persuader. Heureusement car cet Euro allait être le plus relevé de l'histoire. Les plus grandes stars européennes avaient répondu à l'appel de leur sélection. La présence du pivot des Chicago Bulls changeait considérablement la donne. Un tel joueur augmentait nos chances de titre. Nous avions déjà eu l'occasion de le croiser, avec ce maillot, durant quelques jours, lors d'un tournoi amical à

Strasbourg en 2009. Mais deux ans plus tard, ce n'était plus le même joueur. En NBA, il avait pris une autre dimension et régnait déjà dans toutes les raquettes.

Son statut aurait pu bouleverser l'équilibre du groupe. Alors que Tony Parker monopolisait l'attention du public et des médias, la présence d'une nouvelle star pouvait-elle affecter l'harmonie de l'effectif ? Rien de tel ne s'est passé. À l'image de son illustre père, Joakim Noah est un gars très simple et humble. Un moteur et un exemple pour l'ensemble de l'équipe. Il ne s'économise jamais. Même à l'entraînement, il se bat sur tous les ballons. C'est un compétiteur acharné qui se donne toujours à fond, quel que soit l'adversaire. J'avais l'impression qu'il jouait sa vie sur chaque rebond. Dès le match terminé, sa bonne humeur nous irradiait. Son sourire était communicatif. Tout le monde l'appréciait.

Pourquoi a-t-il attendu si longtemps avant de porter la tunique tricolore ? Je crois qu'il souhaitait faire plaisir à son père. Yannick le lui avait demandé.

Malgré une ultime blessure de Ronny Turiaf avant le décollage pour la Lituanie – il a été remplacé par Ali Traoré –, notre raquette avait fière allure. Je sentais bien le coup.

Notre route s'annonçait néanmoins longue et rude. Dans notre viseur, une place en finale, qualificative pour les Jeux de Londres. Une place que de nombreuses équipes, comme la Grèce, la Lituanie, la Russie et l'Espagne notamment, convoitaient. Mais nous étions déterminés. Peut-être plus que quiconque. Nous rêvions de ces Jeux depuis tant d'années… Nous avions même retenu la leçon de l'Euro 2009. Pour la première fois, nous avons sorti la calculette. Pour éviter d'affronter, chez elle, la Lituanie, nous avons préféré jouer – très – relâché notre rencontre face à l'Espagne. Avec une lourde défaite à la clef. Ni Joakim ni Tony ne sont entrés en jeu.

En quart de finale, place donc à la Grèce, notre bête noire. Une rencontre acharnée, un combat pendant plus de trente minutes. Longtemps, nous courons après le score. Nous ne trouvons pas la bonne solution. La maladresse et le stress l'emportent. Mais tout change dans les derniers instants. Tony, Nico Batum et Joakim – qui évolue sous les yeux de son père, très démonstratif dans les tribunes – prennent leur responsabilité et réussissent à faire la différence. Nous finissons par l'emporter (64-56) sur ces Grecs coriaces. Eux qui nous ont si souvent privés par le passé d'instants euphoriques…

Au tour suivant : la Russie. Rien ne peut mettre en péril notre rêve. Nous n'en doutons pas. Tony (vingt-deux points) et Nico (dix-neuf points) sont monstrueux et les Russes d'Andreï Kirilenko et Viktor Khryapa doivent se rendre à l'évidence : l'équipe de France ne va pas laisser passer sa chance. Après une première mi-temps accrochée, nous réussissons petit à petit à tenir à distance nos adversaires. Avec ce succès (79-71), la qualification pour les Jeux est acquise. Au bord du terrain, je pleure. Dans les vestiaires, nous hurlons notre joie. Kevin Séraphin se met à danser. Tout le monde se congratule. C'est de la folie. Cette victoire vaut une médaille d'or à mes yeux. Longuement, le soir, nous avons savouré ce succès avec quelques coupes de champagne. Pourtant, il nous restait une dernière rencontre à disputer. Mais nous avions dépensé trop d'énergie. Les nerfs, soumis à tant de pression pendant plusieurs semaines, ont lâché. Mentalement, nous n'étions pas préparés à un tel match. Surtout face à l'Espagne, une habituée des finales. Pau Gasol et Juan Carlos Navarro nous ont marché dessus.

Sur le podium, je n'éprouvais aucun regret. Nos adversaires me semblaient, de toute façon, trop forts. Cette médaille d'argent suffisait à mon bonheur. Jamais, depuis plus d'un demi-siècle, une équipe de France n'avait obtenu un tel métal. À Paris, lors de notre retour, des milliers de personnes nous attendaient sur les Champs-Élysées. La fête fut grandiose.

Quelques semaines plus tard, beaucoup de questions m'assaillent. Vais-je réussir un jour à décrocher une médaille d'or ? L'Espagne me paraît hors d'atteinte. A-t-on les moyens de stopper leur hégémonie ? J'en doute. L'excitation a pris le pas sur la raison. Après cette nouvelle défaite, je me sens impuissant. Une autre interrogation me taraude. Dois-je, après les JO, tirer ma révérence à l'équipe de France ? Ce serait un adieu en beauté, à Londres, lors d'une compétition exceptionnelle. Cette envie me traverse l'esprit. Au cours d'une interview, je laisse donc planer le doute sur ma prochaine retraite internationale. Mais lorsque ma femme découvre cet entretien, elle me remet immédiatement les idées en place : « *Pourquoi dis-tu cela ? C'est faux, tu le sais très bien. Tu vas continuer de porter ce maillot, tu ne pourras pas t'en empêcher. Arrête de raconter des conneries !* »

Elle avait raison. Pourquoi partir en vacances d'été alors que je rêvais encore et toujours d'un triomphe avec mes partenaires et amis ? Je l'avoue, j'étais perdu. Quelques jours plus tard, Tony Parker m'a appelé : « *Tant que l'on n'a rien gagné, personne ne quitte cette équipe !* »

Au téléphone, il s'est montré très convaincant. Cette conversation m'a rassuré. Les Jeux n'étaient qu'une étape et non une finalité.

Plus cette compétition approchait, plus je piaffais d'impatience. Pour rien au monde, je ne voulais manquer les JO. Chaque jour, j'y pensais. La peur d'une blessure m'obnubilait. Je n'attendais qu'une seule chose : le défilé sur la piste du stade olympique de Londres, en compagnie des plus grands athlètes mondiaux, lors de la cérémonie d'ouverture.

Le 27 juillet 2012, je n'ai pas été déçu. Un instant grandiose. Inoubliable. Ronny Turiaf, Mick Gelabale, Boris Diaw et moi, nous nous comportions comme des gosses. Une caméra à la main, j'ai filmé l'ensemble de notre tour de stade. Je voulais immortaliser ces précieux moments pour les partager avec mes enfants. Lors de ce défilé, j'ai croisé le handballeur Nikola Karabatic qui souhaitait que l'on nous prenne en photo ensemble. Sa demande m'a surpris. La star, à mes yeux, c'était lui. J'ai également créé des liens avec deux Antillais, Cédric Sorhaindo et Didier Dinart, handballeurs eux-aussi. Tous les jours, en compagnie de Mick, nous buvions notre café ensemble dans la gigantesque cafétéria du village olympique, non loin d'un McDonald's ouvert vingt-quatre heures sur vingt-quatre, réservé aux athlètes, et un énorme centre commercial.

Dans l'immeuble de la délégation française, j'ai fait la connaissance de Lucie Decosse, Teddy Riner, Laure Manaudou, Camille Lacourt ou encore Jo-Wilfried Tsonga. D'immenses champions de judo, natation et tennis. Nous nous croisions dans l'ascenseur, nous pouvions nous soutenir, nous remonter le moral, nous féliciter. Lors de ces Jeux, j'ai suivi et adoré des disciplines que je connaissais peu : le hand, le judo, voire le cyclisme avec Grégory Baugé. Mick et moi avons même vécu la finale et la victoire d'Usain Bolt sur 100 mètres. La seule compétition, hors basket, à laquelle nous ayons pu assister. En tant qu'athlètes, nos accès étaient très restreints. À moins de s'appeler Tony Parker.

L'ambiance du village était extraordinaire. Un bourdonnement joyeux. Dès que l'équipe américaine de basket, qui ne logeait pas sur place, s'y rendait, il en résultait une émeute. Chacun voulait une photo avec Kobe Bryant ou LeBron James. Usain Bolt, surtout. Sa moindre apparition déclenchait l'hystérie collective.

Sportivement, l'expérience reste néanmoins frustrante. Après notre défaite face aux États-Unis lors du match d'ouverture, nous redressons vite la barre. Nous ne sommes pas à Londres pour un séjour touristique. Après de solides victoires face à l'Argentine et la Lituanie, notre cote ne cesse d'augmenter. Jusqu'à ce nouveau dénouement incroyable en quart de finale…

Dans l'autre poule de la compétition, une équipe ne tenait pas son rang : l'Espagne. Pour éviter d'affronter les Américains avant la finale, les champions d'Europe ont, une fois de plus, lâché une rencontre. Résultat : un France-Espagne allait ravir les télévisions du monde entier.

J'étais furieux. Ces Espagnols nous prenaient de haut. Quelques jours plus tôt, un match amical disputé au Palais omnisports de Bercy avait déjà dégénéré. Mick Gelabale et Rudy Fernandez, un joueur arrogant qui fait généralement l'unanimité contre lui, ont même été exclus. Cette rencontre, très tendue, s'était conclue par une courte victoire adverse, mais ce n'était qu'un aperçu de ce qui nous attendait le 8 août…

Malgré deux jours passés dans un hôpital de Londres à cause d'une fracture au nez, je suis remonté à bloc. Prêt à batailler. Une authentique rage nous habite. Alors que nous sommes au coude à coude durant toute la partie, nous tremblons et craquons (59-66) dans les derniers instants. Leur expérience paie alors que nous sommes encore en tête (53-51), à l'entame des dix dernières minutes. Après une accumulation d'erreurs, la frustration nous envahit et les nerfs lâchent. Nous pétons les plombs.

Ronny Turiaf, d'abord, commet une grossière faute sur Rudy Fernandez puis Nicolas Batum sort le poing face à Juan-Carlos Navarro. Même si je n'apprécie pas ces gestes, je les comprends. Nous ne méritions pas une telle déconvenue.

VII

LE TRIOMPHE

L'aventure triomphante n'a pas débuté le 21 juillet 2013, jour de notre premier rendez-vous à l'Insep, pour une série d'examens en vue du championnat d'Europe en Slovénie un mois plus tard. Notre médaille d'or s'est forgée dans la douleur et la souffrance. Et dans l'attente. Tout a commencé à la fin du quart de finale perdu face à l'Espagne un an plus tôt.

Le lendemain du match, juste avant notre départ de Londres, lors du débriefing de la défaite, nous avions déjà en tête l'échéance slovène. Ce jour-là, nous nous sommes fait une promesse : « *Rendez-vous l'année prochaine pour l'Euro. C'est l'une de nos dernières chances de décrocher la médaille d'or. Nous avons les moyens de battre l'Espagne. Ce sera l'année ou jamais !* »

C'était le mot d'ordre général, véhiculé par Boris Diaw, Tony Parker, notre coach et moi-même. Vincent Collet, encore très énervé par notre élimination, a prononcé un discours émouvant, des larmes dans les yeux. Il croyait dur comme fer à notre prochaine victoire. Il en était persuadé. L'Espagne, qui nous barrait la route depuis tant d'années, allait enfin rendre les armes. Il le pensait, l'affirmait, le clamait. Pourtant, j'étais frustré. Même s'il m'a rassuré et remotivé, je doutais. Au fond de moi, je savais que nous n'en étions pas loin. Année après année, nous les accrochions, nous grignotions notre retard, mais notre marge de manœuvre semblait de plus en plus étroite.

Je me suis rapidement projeté vers cette nouvelle compétition : l'EuroBasket 2013. Un an avant la Coupe du Monde – la nouvelle appellation du championnat du Monde – en Espagne, cette épreuve représentait peut-être notre dernière chance d'atteindre le Graal. Nous nous sommes donc tous promis d'être de retour. Au moins, une dernière fois.

Les mois passant, mon excitation augmentait. Alors que je vivais une saison difficile sur le plan personnel avec mon club de Valence, l'équipe de France m'obnubilait. Mes doutes ont laissé place à l'impatience. Je voulais en découdre. Prendre une revanche.

J'ai même convaincu Mickaël Gelabale de poursuivre sa carrière internationale. Après les Jeux, il m'avait avoué son hésitation. J'étais le seul dans la confidence. Dégouté par le déroulement des JO, il voulait se reposer. « *Non, viens! Tu n'as pas le choix. C'est notre dernière chance, on va y arriver!* » Pendant plusieurs semaines, je l'ai harcelé. Jusqu'à ce qu'il cède.

Mais plusieurs mois avant le début de la préparation, quelque chose se tramait. Je le sentais. La blessure des Jeux Olympiques n'était pas refermée, elle avait finalement laissé plus de traces que prévu. Le chemin vers ce fameux titre allait être, encore, semé d'embûches.

Patrick Beesley, le responsable de l'équipe de France, est passé me voir à plusieurs reprises en Espagne pour m'exposer le programme de la préparation et le calendrier des matchs amicaux. Pas une seule fois, il n'a évoqué les objectifs sportifs et la quête d'une médaille d'or. Il restait assez vague sur les ambitions réelles de l'équipe de France. Au fond de lui, il savait. Et ce que je craignais arriva. Notre pacte fut rompu.

J'apprenais les différents forfaits de mes coéquipiers dans la presse, dès le mois de mai. Ils tombaient les uns après les autres. Au fur et à mesure, un sentiment de dégoût s'installait. Cette promesse me tenait à cœur et je voulais repartir avec cette même équipe. Notre potentiel était indéniable. J'ai pris un coup au moral. Même si je respecte les choix personnels de chacun, je ne les comprends pas toujours.

La décision la plus étrange fut celle de Kévin Séraphin, vingt-trois ans, pivot de Washington en NBA. Il préféra passer l'été chez lui, aux États-Unis, et s'entraîner individuellement. Se frotter aux meilleurs intérieurs européens me semblait bien plus excitant et enrichissant pour sa progression. L'expérience ne s'acquiert pas seul, dans une salle d'entraînement.

Ronny Turiaf, quant à lui, opta pour un repos estival. À trente ans, il avait accumulé de nombreux pépins physiques au cours des derniers mois et son corps avait besoin de souffler. Je comprenais sa démarche. Depuis des années, son état d'esprit était irréprochable. Personne ne pouvait blâmer son absence. Pas une seconde je ne lui en ai voulu. Même lorsqu'il ne bénéficiait pas encore de contrat pour la rentrée, il a pris le risque de porter le maillot tricolore.

Au-delà des ennuis de santé de Fabien Causeur et Ali Traoré, deux habitués de l'équipe de France obligés de déclarer forfait pour des raisons médicales, et le désistement d'autres joueurs préférant se consacrer à leur avenir personnel, demeurait le « cas » Joakim Noah.

Toute au long de l'année, l'incertitude avait plané. J'étais peu optimiste. Absent la saison précédente, lors des JO, la plus belle compétition mondiale, pourquoi viendrait-il ? J'avais déjà anticipé sa décision tardive et négative. Malgré un excellent Euro 2011 et une joie commune – il chantait même *la Marseillaise* –, Joakim ne partage pas ce lien qui nous unit autour du maillot bleu-blanc-rouge. Né à New-York, il a grandi dans la culture américaine et est de fait moins attaché à l'équipe de France. La porte lui est cependant grande ouverte s'il souhaite, un jour, diffuser à nouveau sa hargne et son talent sur le terrain, à nos côtés.

À l'Insep, fin juillet, lors de ce premier rassemblement, je suis perplexe. Face à moi, j'aperçois de nombreux jeunes que je connais à peine. Un « *putain!* » plein d'étonnement m'échappe. Un choc. J'en suis persuadé, les Léo Westermann, Alexis Ajinça, Joffrey Lauvergne et Thomas Heurtel sont de bons joueurs. Certains connaissent l'exigence de l'Euroligue mais, à ce niveau-là, le manque d'expérience internationale peut se révéler cruel. Et se payer cash !

Tony partage ce sentiment. Nous sommes sceptiques même si nous nous retenons de le déclarer publiquement. Nous en avons discuté à plusieurs reprises dès le début de notre entraînement. Alors que les médias nous parlent du titre et d'une revanche, nous essayons de calmer les esprits. Nous avons les pieds sur terre. Objectivement, notre effectif n'est pas le meilleur de la compétition. Nous restons prudents.

Surtout, je m'inquiète pour notre secteur intérieur. En l'absence des habituels titulaires, la raquette va être confiée à Alexis Ajinça. Sur ses épaules, beaucoup de pression, beaucoup d'attente. Va-t-il les supporter ? Passé, très jeune, par la NBA, Alexis a intelligemment opté pour un retour en Pro A, à Strasbourg, sous les ordres de notre sélectionneur, Vincent Collet. L'année précédente, ses progrès ont été phénoménaux. Mais à vingt-cinq ans, mentalement, tiendra-t-il le coup ? Son poste, celui de pivot, est la clef d'une telle compétition. Pour avoir une chance de remporter l'épreuve, l'axe pivot/meneur (donc Tony Parker) doit être le point fort de l'équipe.

On a vraiment besoin de lui. Alors, je le prends sous mon aile. Je lui parle beaucoup, je le rassure constamment. Parfois, je le caresse même dans le sens du poil pour qu'il se sente en confiance. Il en a besoin. Il est capable, lorsqu'il s'agace sur le terrain, de déjouer et de rapidement sortir du match. Je dois choisir mes mots car sa susceptibilité peut le freiner. Je ne veux surtout pas le brusquer ou le vexer. Finalement, tout au long de l'épreuve, il m'a considérablement étonné.

Une seule personne croyait, dur comme fer, en notre bonne étoile : Vincent Collet. Lors de notre arrivée quelques jours plus tard à Pau, il nous a tous réunis. Son discours m'a bluffé. Il paraissait sûr de lui. Pour lui, la médaille d'or ne pouvait nous échapper : « *J'ai composé la meilleure équipe possible et j'ai entièrement confiance en vous. À cent pour cent ! Vous pouvez le faire !* »

Je l'ai pris au mot. Il avait notamment raison sur un point : l'alchimie a rapidement fonctionné entre nous.

Certes, avec mes trente-deux ans, j'avais pris un coup de vieux. Avec tous ces jeunes, Mick Gelabale, Tony Parker, Boris Diaw, Johan Petro et moi, nous nous sentions en décalage. Surtout lorsqu'ils parlaient de la dernière saison de *Secret Story*... Finalement entre ces deux générations, il n'y a eu aucun réel problème. Nous nous entendions à merveille. Boris, le capitaine, pratiquait la « calinothérapie » avec tout le groupe. Pendant ces quelques jours de préparation à Pau, nous logions chez lui, à la Villa Navarre, l'élégant hôtel-restaurant qu'il possède avec l'écrivain Frédéric Beigbeder et l'ancien rugbyman Stéphane Carella. Depuis plusieurs années, c'est un passage obligé pour l'équipe de France. Nous y avons nos habitudes et nos chambres. Moi, j'occupe la suite *Boris Diaw* !

Boris se comporte en véritable maître de maison. Il veille à notre bien-être. Je m'en amuse. À table, je lui ai fait une réflexion sur le pain servi, trop dur à mon goût ; je l'ai chambré. Cette remarque l'a piqué au vif, le lendemain du pain frais nous était proposé...

Sur le parquet en revanche, collectivement, il y avait du boulot. Nos premiers matchs de préparation ont été catastrophiques. Rien d'étonnant puisqu'un nouvel effectif reprenait le flambeau.

Malgré de solides bases, il fallait intégrer les jeunes, travailler les systèmes et nos automatismes en très peu de temps.

J'ai pris peur face à la Grèce, à Strasbourg. Lors de notre cinquième match amical de l'été, nous n'avons pas vu le jour.

Heureusement, le niveau s'élevait. Les jeunes se sont fondus parfaitement dans l'équipe, se montraient à l'écoute et respectaient les anciens. Un repas, collectif, a même été organisé au centre-ville de Strasbourg pour créer des liens. Léo Westermann, originaire d'Alsace, nous a fait découvrir les spécialités de sa région, juste avant d'être écarté par le coach, obligé de réduire la liste des joueurs sélectionnés pour l'Euro. Le repas fut gargantuesque : flammekueche, choucroute et Picon bière ! Une découverte que j'ai adorée ! À la fin du dîner, tous les anciens se sont levés et sont partis. Comme le veut la tradition, les nouveaux arrivants devaient payer cette première soirée.

Nous nous sommes rassurés deux semaines plus tard, en Espagne. Malgré la défaite (85-76) face aux doubles champions d'Europe, nous effectuons un bon match, solide, sans Tony, laissé au repos. Cela nous donne une idée de notre potentiel. Trois jours plus tard, rebelote. À Montpellier, nous nous inclinons à nouveau face à cette même formation, mais d'un point seulement (85-84). Malgré la déception, nous sommes prêts collectivement à débuter l'Euro.

Pour ma part, je n'étais pas au mieux. Physiquement, j'éprouvais beaucoup de difficultés à tenir le rythme. J'ai même fait l'objet de nombreuses critiques de journalistes : « *Florent Piétrus a-t-il encore sa place en équipe de France ?* » « *Il n'apporte plus rien…* » Dans les médias, mon rôle a été sous-estimé ; les journalistes et observateurs ne vivent pas à l'intérieur du groupe. Lors du lancement de cette campagne, j'ai ressenti une douleur à la cuisse droite. Verdict : élongation et deux semaines d'arrêt. Je devais donc rattraper mon retard et je ne disposais pas de la totalité de mes moyens. Mais cela ne me préoccupait pas. Les matchs amicaux m'intéressaient peu. J'attendais, impatiemment, les moments cruciaux. Je savais que j'allais répondre présent.

Nous avons atterri à Ljubljana une semaine avant le début de la compétition. Après un dernier succès face à la Slovénie, nous avons profité de notre temps libre pour nous détendre et nous changer les idées. Nous sommes partis visiter une grotte, en pleine forêt, avec toute l'équipe. Nous couper pendant quelques heures du monde du basket nous a fait beaucoup de bien.

Nous nous enfermions rarement dans nos chambres, seuls, pour étudier les rencontres à venir. En fin d'après-midi ou le soir, après les entraînements, nous nous donnions rendez-vous dans la salle des kinés, le quartier général, pour plaisanter et regarder ensemble la télé. Les jeunes, Nicolas Batum, Antoine Diot et compagnie, privilégiaient les émissions de téléréalité alors que nous, nous blaguions avec les kinés entre les massages.

Le premier match de l'Euro, face à l'Allemagne, approchait. Nous étions confiants. Trop confiants, je pense. Nous étions pourtant prévenus. Ces premières rencontres sont toujours compliquées à négocier. La fatigue n'existe pas encore. Chaque équipe est motivée. Nous venions de battre à deux reprises, en match amical, la formation allemande remaniée, très jeune, privée de sa star, Dirk Nowitzki. Je ne connaissais que deux ou trois joueurs.

Je le concède, nous les avons pris de haut. Eux étaient morts de faim, sans complexes. Ils ont enquillé les tirs à trois points et nous, les anciens, avons failli.

Dans les vestiaires, après la défaite, le sélectionneur ne cachait pas sa colère. Les reproches étaient mérités : « *C'est bien beau de dire que vous voulez être champion d'Europe, que vous en avez marre de perdre. Tous les étés, c'est pareil. Mais sur le terrain, vous ne vous donnez pas les moyens de changer ça. Vous n'êtes pas à la hauteur de vos ambitions.* »

Tête basse, je ne pouvais qu'accepter son point de vue. Il avait totalement raison. Nous n'avions pas fait preuve d'humilité, ni pris conscience de notre manque d'implication.

Le coach, après sa gueulante, a tenté de nous rassurer : « *Ce n'est pas une catastrophe…* »

Il a su choisir ses mots et a réussi à piquer notre orgueil. Je m'en voulais terriblement. Dans son discours, Vincent Collet me visait, ainsi que Tony, Boris et Mick. Nous devions mener l'équipe à la victoire. C'était notre rôle. Nous avions péché. Le soir même, il n'y a pas eu un bruit, chacun s'est remis en question.

L'avantage, dans un Euro, c'est que le doute n'a pas le temps de s'installer. Dès le lendemain, il faut enfiler le bleu de chauffe, retrouver les parquets et décrocher une victoire.

Tout le monde imaginait un premier tour facile pour l'équipe de France. Le tirage au sort encourageait ce sentiment. Par le passé, nous avions rencontré des adversaires nettement plus forts pour débuter une compétition internationale. Mais rien ne nous a été donné. Face, ensuite, à la Grande-Bretagne, à Israël, à l'Ukraine, puis à la Belgique, nous avons galéré. Nos succès furent laborieux. Nos adversaires, après notre défaite initiale, voulaient imiter les Allemands. Contre la Belgique, nous avons même été menés de douze points à la mi-temps, avant notre réveil.

En dehors de notre jeu perfectible, nous avions un autre problème de taille : le manque d'adresse de Nicolas Batum, notre ailier titulaire, l'un des joueurs majeurs de Portland, en NBA. En attaque, rien ne rentrait. Il ne trouvait pas de solution et forçait ses tirs. Même s'il répondait présent en défense, il manquait cruellement de confiance. Sur le banc, il ne cessait de râler contre lui-même : « *C'est pas possible d'être aussi nul ! J'en ai marre !* » Il cherchait à se remotiver.

Nous tentions de relativiser, de lui expliquer qu'il connaîtrait des jours meilleurs. C'est Vincent Collet qui, une fois de plus, a su trouver les mots. Lors d'un entraînement, il l'a pris à part : « *Nico, dans une équipe, il y a un général et des lieutenants. Il vaut mieux être un bon lieutenant qu'un mauvais général. Surtout qu'un général, nous en possédons déjà un : Tony Parker.* »

Il voulait lui faire comprendre que le nombre de points marqués n'était pas le plus important. Qu'il pouvait apporter autre chose dans cette équipe. Qu'il n'avait pas à endosser le costume de sauveur à tout prix.

Nicolas doit être patient. Un jour, nous le savons tous, il sera le capitaine de cette équipe de France. Il la prendra en main. Mais avant cet Euro, il s'est mis beaucoup de pression inutilement. Publiquement, il a déclaré vouloir être élu « *meilleur ailier* » du tournoi. Une erreur de jeunesse. Il a finalement suivi les conseils du sélectionneur. À bon escient.

Notre basket n'était pas parfait. Nous remportions nos matchs difficilement, mais nous n'avions qu'une seule chose en tête : le quart de finale. La rencontre la plus importante d'une compétition. Le succès ou l'échec d'un tournoi se joue à cet instant précis.

Notre Euro ne débuterait qu'à ce moment-là. Dans nos têtes, les premier et deuxième tours n'étaient que des étapes à franchir sans dégâts apparents. Par le passé, nous avions déjà amorcé une telle compétition en trombe avant d'être recalés en quart de finale. Nous avions retenu la leçon. Aussi ce match était-il notre obsession.

Lors du deuxième tour, après un succès face à la Lettonie qui nous qualifie pour la suite de la compétition, nos esprits sont déjà tournés vers cet objectif. Face à la Serbie, un match, le dernier de cette phase, finalement sans enjeu, les cadres – moi y compris – ne se donnent pas à fond. Nous sommes impatients de rentrer dans le vif du sujet.

En quart de finale, le 18 septembre, place à la Slovénie, le pays hôte. Une situation déjà vécue par le passé. Avec Tony Parker,

Boris Diaw et Mick Gelabale, nous étions sereins. En 2005, nous avions connu le même scénario face à la Serbie de Dejan Bodiroga, à Novi Sad, devant un public hostile. Nous en avons donc parlé avec nos coéquipiers, avons évoqué l'état d'esprit à adopter pour une telle rencontre. Nous les avons rassurés. La pression n'était pas sur nos épaules mais sur celles des Slovènes. Tout un peuple attendait un succès, en fin de semaine, en finale. Cette ambiance me boostait. Et à ce stade de l'épreuve, personne ne souhaitait affronter l'équipe de France. Nous étions craints, nos adversaires redoutaient notre réveil…

Le match fut acharné. Ce huitième quart de finale consécutif de l'équipe de France ne contentait aucun de mes coéquipiers. L'élimination me hantait. Je la refusais. Après un timide début d'Euro, j'ai des fourmis dans les jambes. En défense, nous ne les laissons pas respirer. L'ambiance n'est pas aussi hostile qu'attendue. Rien à voir avec les broncas entendues en 2005 en Serbie. Nous avons une tactique très simple : ne rien lâcher et les faire douter dans les dernières minutes. Sous la pression, ils vont craquer. Exactement ce qui se produit. Tony Parker, avec vingt-sept points, est monstrueux. Sous son impulsion, tout le monde élève son niveau de jeu. Surtout nous, les cadres.

Je ne marque pas beaucoup ? C'est vrai. Encore zéro point dans ce quart de finale. Mais cela ne m'intéresse plus. Lors de mes premières années en équipe de France, mon rôle en attaque était nettement plus important. Puis Boris s'est installé petit à petit sur le même poste que moi et il a fallu se répartir les responsabilités. Mes missions, dès l'arrivée de Vincent Collet en 2009, ont évolué. Tout le monde ne le comprend pas et l'on me critique justement en raison de mon inefficacité offensive. Je l'avoue, ce rôle de l'ombre, en charge essentiellement des tâches défensives, a été difficile à accepter. Mais pour l'équilibre de notre équipe, je l'ai assumé. Et j'ai eu l'occasion de démontrer toute mon utilité quelques jours plus tard.

En demi-finale, l'Espagne se dresse face à nous. Encore. Dès la fin de ce match contre la Slovénie, nous nous sommes enfermés dans notre bulle. Nous n'avons rien célébré. Nous étions programmés pour cette rencontre avec nos meilleurs ennemis. Une finale avant l'heure. Ni Tony ni moi n'avons eu peur de l'affirmer. En quart, les Espagnols ont éliminé la Serbie avec trente points d'écart. Une boucherie. Eux aussi sont montés en puissance. Une guerre nous attendait. Contrairement aux années passées, nous y croyions. Après tant d'échecs, le coach nous l'a répété, l'exploit est possible : « *Les gars, vous pouvez le faire ! Je rêve de ce jour depuis des années. Je suis persuadé qu'on va les battre.* »

Pourtant, sur le terrain, nous sommes crispés. Dès l'échauffement, je sens beaucoup de tension. Les deux équipes sont très concentrées. L'Espagne, forte de ses derniers succès, part peut-être avec davantage de confiance. Nous voulons tellement bien faire que cela nous coupe les jambes. Nous passons complètement à côté de notre début de match. Nous déjouons. Nous sommes liquéfiés et nous ne respectons pas les consignes. Notre jeu collectif – notre force – est inexistant. Seul Tony Parker, avec son talent individuel, s'en sort. Nous le regardons enchaîner les paniers, tout en subissant de l'autre côté du terrain l'impact espagnol. Heureusement, Tony réussit à sauver les meubles.

À la mi-temps, le retour aux vestiaires s'effectue la tête basse, abasourdis que nous sommes par nos quatorze points de retard. Cela aurait pu être pire. Les dernières secondes du deuxième quart-temps sonnent un début de révolte. Boris, en bon capitaine, tente de réveiller tout le monde en commettant une grossière faute sur Sergio Llull, juste avant la pause. Je ne l'avais jamais vu faire ça. De cette manière, il signifie à toute l'équipe qu'il faut se battre et ne plus laisser de paniers faciles aux

Espagnols. Une façon d'évacuer la frustration de ces deux quart-temps cauchemardesques.

Dans les couloirs, la colère monte. Je croise San Emeterio, Sergio Rodriguez et Sergio Llull, trois joueurs adverses. Ils sont heureux, très confiants. Ils sautent presque déjà de joie. Parlant espagnol, je saisis toute leur conversation : « *C'est bon, on va gagner.* » Ces quelques mots m'énervent. Ils sont arrogants, irrespectueux. J'allais en faire part à mes coéquipiers quand, à peine assis dans les vestiaires, « Tipi » n'attend même pas l'habituel discours du coach qui vient tout juste de franchir la porte, il prend la parole : « *On se réveille les gars ! Franchement, on joue comme si on avait peur. Je ne parle pas de l'attaque, mais de la défense. On ne sort pas sur les pick and rolls*[1] *et on les laisse shooter à trois points. On ne va pas au rebond. Ils nous agressent, on ne peut même pas mettre la balle en jeu. Faut qu'on joue plus physique que ça. Comme face à la Slovénie.* » Une séquence incroyable. Inoubliable.

Comme tout le monde, je l'écoute attentivement. Il a totalement raison. Boris essaye de placer quelques mots, mais impossible. Tony paraît possédé, il hausse encore le ton : « *Ils nous dominent. Ils pensent qu'on est de la merde et ça se voit sur leur visage. Ils nous prennent pour de la merde ! Je me fous de ce qu'il arrive en deuxième mi-temps, même si l'on perd. Au moins, jouons avec notre fierté. Il faut jouer plus dur. Si l'on perd, ce n'est pas grave. C'est la vie. Mais je préfère perdre en me battant. Pas comme ça. On se fait défoncer !* »

Ses yeux sont grands ouverts. Je ne l'ai jamais vu ainsi. C'est la première fois de sa carrière qu'il réagit de cette manière. Ni en 2011, lors de la finale perdue face à cette même équipe, ni pendant les JO, il ne s'est exprimé de cette façon. L'accumulation des défaites face à l'Espagne l'a révolté. Il y a de la colère, de la rage, de la frustration et de l'orgueil dans sa voix, et dans son regard. Il

1. Une technique d'attaque entre un joueur intérieur et un extérieur.

a su trouver les mots justes pour titiller notre fierté. Ensuite, nous nous levons tous pour un cri de guerre.

Antoine Diot et Alexis Ajinça ont également droit aux consignes du patron : « *Si vous avez la possibilité de tirer, allez-y ! On n'a plus rien à perdre. Oubliez-moi. Annoncez des systèmes pour Nico* [Batum], *pour Nando* [De Colo]. »

À lui tout seul, il nous a remobilisés. J'ai également en tête la phrase que j'entends régulièrement dans la bouche des Espagnols : « *Les Français sont des joueurs impressionnants physiquement, athlétiquement au-dessus du lot. Mais ils ne savent pas jouer au basket.* »

J'en ai marre. Tony ne se trompe pas. Ils nous ont pris, souvent, pour de la merde. En deuxième mi-temps, un autre match se joue. Une nouvelle équipe de France est entrée sur le terrain. La plus belle mi-temps de l'histoire du basket français peut démarrer.

Antoine Diot marque rapidement deux tirs primés. Il nous relance. Mick Gelabale également. Notre collectif fait la différence. En défense, nous sommes morts de faim. Petit à petit, nos adversaires se mettent à douter, ils s'énervent, crient entre eux. Nous reprenons confiance. Plus le match avance, plus nous sommes transcendés.

En première mi-temps, je manque de rythme, je n'arrive pas à rentrer dans le match. La rage insufflée par Tony dans les vestiaires se propage comme un virus. Je me bats sur tous les ballons. À la fin du match, le coach m'a dit : « *Tu es mon héros !* » Tony a renchéri : « *Si tu n'avais pas été là, on n'aurait pas gagné !* »

J'ai tout donné pour contenir et dominer Marc Gasol, le pivot de l'Espagne, joueur de Memphis, élu meilleur défenseur de l'année en NBA. Notre victoire ne pouvait se dessiner qu'à ce prix. Je devais le faire déjouer. Même en attaque, pour une fois, j'ai apporté ma pierre à l'édifice avec un trois points, face au panier, alors que nous étions encore menés (60-53) à cinq minutes de la fin. Un panier qui a une longue histoire.

Le matin même, après une dernière séance de shoots dans la salle, je discute avec « Tipi » dans le bus, en rentrant à l'hôtel. On évoque la rencontre à venir et il me donne une consigne : « *Si Marc Gasol te manque de respect, s'il te laisse tout seul à trois points, n'hésite pas. Tu shootes. Je suis persuadé que tu vas le mettre, j'ai confiance en toi.* »

Et c'est ainsi que cela se passe. Pourtant, j'hésite avant de tirer. Ce n'est pas la stratégie mise en place. La balle doit revenir au meneur. Mais je suis complètement seul, avec mon adversaire, Marc Gasol, au milieu de la raquette. Je repense au propos de Tony, nous échangeons un regard, et je prends ce shoot primordial. Au fond de moi-même, je sais qu'il va rentrer. Une telle prophétie ne peut que se réaliser.

Nous marchons sur l'eau. Après avoir grignoté notre retard, Tony nous redonne l'avantage au score. La peur se lit dans le regard de nos adversaires. Mais une nouvelle fois, le match a failli nous échapper. À quelques secondes de la fin, Tony a la balle de match entre les mains. Mais il se fait contrer. Sur la contre-attaque, je suis perdu. Paniqué. À ma gauche, Calderón, le shooteur espagnol, se retrouve tout seul à trois points. S'il le met, le match est plié. Au *buzzer*, il rate complètement son tir. Un miracle. Prolongations.

Je serre les poings. Nous avons réalisé le plus difficile et il faut continuer sur notre lancée. Durant ces cinq minutes supplémentaires, le match est verrouillé. Rien ne rentre. Nicolas Batum, grâce à une exceptionnelle défense, oblige Rudy Fernández à prendre des shoots à dix mètres. Un signe, encore. Ils doutent. Après huit défaites consécutives et une seule victoire lors de nos douze dernières confrontations, nous sommes tout proches, au meilleur moment, de renverser la vapeur.

Je suis survolté mais, physiquement, je ne tiens plus debout. Je suis rincé. L'intensité de cette rencontre est extraordinaire. Entre l'adrénaline, l'énervement, la frustration, la joie de revenir au score, j'ai l'impression de vivre trois rencontres en une. Je manque d'énergie. Pour la première fois de ma carrière, je crains, à cause de la fatigue, de pénaliser le groupe, je demande même au coach de sortir du terrain. Je veux souffler, mais il refuse : « *Allez, courage Flo ! Donne-moi encore une minute.* »

Il n'arrête pas de me répéter cette phrase devant son banc de touche : « *Donne-moi encore une minute.* » Les minutes se sont égrenées, j'ai continué. Vincent et toute l'équipe avaient confiance en moi. Je ne voulais pas les décevoir.

Mais je prends peur. Je revois le scénario catastrophe de la demi-finale de l'Euro 2005 face à la Grèce défiler sous mes yeux : sous la pression adverse, nous avions à nouveau perdu une balle cruciale alors que nous menions au score. Je soupire. Pourquoi maintenant ? Sommes-nous maudits ? Heureusement, sur la ligne des lancers francs, Antoine Diot ne tremble pas. Ses quatre points consécutifs nous rassurent. Il est très serein. Il adore ce genre de tir, sous la pression. Je l'avoue, j'aurais aimé être à sa place. Avec l'expérience, j'ai appris à gérer le stress. Pour ne pas trembler, je fais le vide autour de moi. Je pense à un instant rassurant.

Avec trois points d'avance à quelques secondes de la fin du match, il ne nous reste plus qu'à défendre. Sur la dernière action, je gène suffisamment Marc Gasol, qui tente désespérément un tir lointain. Puis le *buzzer* retentit. La délivrance !

Nous courrons tous aux quatre coins du terrain. Dans les tribunes, nos familles pleurent. Nous aussi. Je suis le mouvement. Émotionnellement, nous venions de vivre une rencontre exceptionnelle. Un scénario ahurissant ! Cette victoire était magique, incroyable. La plus belle de toute ma carrière. Une fois de plus, impossible n'était pas Français. Même face à la meilleure équipe d'Europe, double finaliste des derniers JO et deuxième formation mondiale derrière Team USA.

Rapidement, l'excitation ambiante est retombée. Au centre du terrain, Boris nous a réunis et a pris la parole : « *L'objectif, ce n'est pas d'arriver simplement en finale. Nous devons rester concentrés. Le plus important reste la victoire et la médaille d'or. Ne l'oubliez pas !* »

Lors de l'Euro 2011, l'euphorie nous a fait manquer notre finale. Tellement heureux de notre qualification pour les JO de Londres, nous sommes passés à côté de notre match. L'erreur aurait pu se répéter après un tel succès face à l'Espagne.

Dans les vestiaires, il n'y a donc pas eu de scènes de liesse. Tout était sous contrôle. Nous avons chanté, célébré cette victoire, mais nous pensions déjà à la dernière marche à gravir. Nous ne pouvions conclure cette aventure par une défaite, surtout après un tel renversement de situation.

Tour après tour, nous revivons notre passé avec l'équipe de France. Comme en 2005, nous avons éliminé le pays organisateur dans un match couperet. Puis nous avons enfin pris notre revanche contre les Espagnols après nos désillusions de 2009, accentuées en 2011 et 2012. Deux ans après notre première finale, nous sommes donc prêts pour écrire l'histoire. Nous n'allons pas laisser passer notre chance.

Le soir, pendant le dîner en compagnie de nos familles, j'ai reçu un SMS de Victor Clavel, l'intérieur espagnol, que j'ai connu à Valence : « *Même si je suis déçu, un ami reste un ami. Je suis très content pour toi, tu as très bien joué. Bravo pour la qualification.* » Ses mots m'ont touché. Certes, nous nous étions battus sur le terrain quelques heures plus tôt, mais nous avions partagé des moments forts avec notre club pendant quatre ans.

L'état de santé de Mick Gelabale me tracasse. Durant la demi-finale, Marc Gasol est tombé sur son genou. Son pied a tourné. C'est inquiétant. Ce n'est pas la première fois qu'une telle mésaventure lui arrive. En 2011, déjà, il s'est tordu la cheville au même stade de la compétition et n'a pu disputer, en pleine possession de ses moyens, la finale face à l'Espagne.

« Je ne sais pas ce que tu dois prendre comme médicament, ni ce que tu dois faire, mais cette finale, tu ne peux pas la rater ! Tu dois jouer ! »

Je veux l'avoir à mes côtés contre la Lituanie, mais il boite. Il n'est pas très confiant. Le lendemain, les tests médicaux ne décèlent aucune fracture. En serrant les dents, il va pouvoir tenir sa place.

L'enjeu de cette finale ne nous a pas inhibés. Durant les dernières séances de shoots, la confiance régnait. Même si nous avions perdu contre ce même adversaire au deuxième tour, au terme d'une rencontre au résultat anecdotique, nous étions sûrs de notre force. Aucune équipe n'allait nous empêcher de soulever notre premier trophée. Même les Américains en face de nous n'auraient pas fait le poids ! Nous étions déterminés.

La veille au soir, avec Mick, je me suis détendu devant quelques épisodes d'*Homeland*. Nous avons évoqué la tactique et la défense à adopter, ainsi que le scénario du match idéal. Le lendemain matin, à quelques heures de la rencontre, j'ai fait le tour de mes coéquipiers pendant une série de tirs. J'avais un petit mot pour chacun.

À Alexis Ajinça et Johan Petro : *« Je veux que tous les rebonds soient pour vous. »*

À Nico Batum : *« Tu défends comme un chien. Aucun ailier ne marquera face à toi ! »*

À Boris Diaw : *« Sois plus agressif ! »*

Au petit déjeuner, j'avais déjà eu l'occasion de voir Tony : « *Comment va mon MVP ?* » Tous les deux, nous avons souri. Il ne montrait aucun signe de pression. Il paraissait très relâché et détendu. Comme moi. Après ce combat face à l'Espagne, une finale avant l'heure, personne ne pouvait nous arrêter.

Un peu plus tard, lorsque nous revenons à la salle, un silence de mort remplace les bruyantes rigolades du matin. Tout le monde est très concentré, dans sa bulle, avec un casque sur la tête. Il n'y a aucune agitation.

Comme nous l'avions imaginé, cette dernière rencontre est une démonstration. Notre match le plus abouti. Seul Linas Kleiza, l'ailier star lituanien, surnage et arrive à tenir son équipe à bout de bras en début de match. Mais, comme ses coéquipiers, il finit par lâcher prise sous notre étouffante pression. De notre côté, Nicolas Batum vit sur un nuage. Avant la rencontre, Tony l'a pris à part. Après avoir tout donné contre l'Espagne, il est cramé. Tony a besoin de son ailier lors de cette finale, besoin d'un relais en attaque. « *Je serai là* », a tout simplement répondu Nico.

Il l'a prouvé. C'est à cela que l'on reconnaît un futur grand joueur. Durant toute la compétition, il a connu des hauts et des bas. Mais, même lorsqu'il n'était pas en forme, il a sorti les crocs en défense. C'est un sportif très intelligent, qui a beaucoup mûri. Cette finale était pour lui. Il nous a facilité le travail.

Nous nous détachons rapidement. Une première mi-temps à sens unique. Lorsque Antoine Diot marque du milieu du terrain, au *buzzer*, je sais que la victoire est déjà acquise. Ce n'est pas de l'arrogance. Juste un sentiment. Le score est sans appel : 50-34 en notre faveur.

Dans le vestiaire, peu avant le coup d'envoi, Vincent Collet, pour une fois, a eu tort : « *Lors d'une finale, tout le monde ne sera pas bon. Certains vont passer à côté.* »

À la fin de la rencontre, je me suis approché de lui, en rigolant : « *T'es sûr de toi, coach ? Tout le monde n'a pas été bon ?* »

Chaque joueur a évolué à son meilleur niveau. Sans la moindre fausse note. Même à la mi-temps, personne n'a exulté. Boris Diaw s'est chargé de recadrer tout le monde : « *Si l'on est revenus contre l'Espagne, eux aussi peuvent le faire. On est prévenus.* »

Nous avons conservé notre agressivité jusqu'à la dernière seconde. Sur le terrain, avec notre quinzaine de points d'avance, je fais les cent pas. Je piaffe. Je sautille. Je regarde les secondes défiler. Je suis heureux.

À la sonnerie finale, je ne sais plus quoi faire. Je vois rapidement Tony à ma droite et je le prends dans mes bras. Nous nous serrons très fort, avec des larmes dans les yeux.

« *On est champion d'Europe !*

– *On l'a fait !* »

Moment intense. Nous avons vu une quinzaine d'années défiler dans nos regards respectifs. Nous attendions cela depuis nos débuts avec l'équipe de France en 1997. Il n'y avait que lui, Boris et Mick pour ressentir toute cette émotion qui me traversait. En une minute, notre rage et nos déceptions se sont envolées.

J'ai pleuré. Beaucoup. Mon rêve se réalisait enfin après tous ces échecs si près du but. Cet instant n'en était que plus beau. Sans réfléchir, je suis descendu du podium avec Boris, en tant que vice-capitaine, pour chercher la coupe. Je voulais la soulever le plus rapidement possible. Depuis tant d'années, je voyais les Espagnols fanfaronner devant nous. Cette fois-ci, ils étaient à notre gauche, tête basse, avec leur médaille de bronze.

Brandir ce trophée et chanter *la Marseillaise* resteront des souvenirs gravés à tout jamais. Nous étions unis, fiers de notre pays, de nos couleurs. Fiers pour la France. Le drapeau bleu-blanc-rouge a été hissé, lentement, dans les hauteurs de la salle. Magique. Je levais les yeux, je profitais de chaque seconde. Nous étions comme des gamins face à leurs cadeaux de Noël. Nous n'en revenions pas. J'étais au paradis !

Avant cette finale, une règle avait été fixée : en cas de victoire, Mick garderait le ballon et Boris et moi récupérerions les filets des deux paniers. Des symboles importants. Nous avons donc missionné Antoine Diot, des ciseaux à la main, pour les couper. Le mien trône à présent dans mon salon, au-dessus d'un autre trophée.

Dans les vestiaires, en revanche, il n'y avait que de l'eau sur les tables. Aucune bouteille de champagne ni de bière. Le staff, superstitieux, n'avait rien prévu. Pas même un t-shirt ou une casquette à la gloire de l'événement. Dommage.

La ministre des Sports, Valérie Fourneyron, est passée nous féliciter. Mais nous n'avons pas osé la mettre sous la douche. Nous avons attendu son départ avant d'y porter Jacky Commères et Ruddy Nelhomme, les assistants de Vincent Collet. Nous avons cherché notre coach, mais il était introuvable. Il se baladait dans la salle, tout sourire, sur son nuage.

Après un dîner à l'hôtel avec nos familles et Sonia Rolland, l'ex-Miss France, présente lors de chacune de nos compétitions depuis 2005, nous sommes sortis dans une boîte de nuit de Ljubljana. Les Lituaniens et les Espagnols nous ont accompagnés jusqu'à la fermeture.

Boris le généreux a fait honneur à sa réputation. Il a payé toutes les bouteilles de champagne. Même aux journalistes présents !

Nous sommes rentrés à l'hôtel vers 6 heures. La nuit fut très courte. L'avion décollait à 15 heures. À Roissy-Charles-de-Gaulle, le personnel de l'aéroport nous a accueillis, loin des caméras, sur le tarmac. J'étais si fier. Puis nous avons brandi le trophée devant des centaines de supporteurs présents. Malgré nos petits yeux, nous ne voulions plus quitter l'aéroport, désireux de partager, encore, ces instants uniques.

Mais le président de la République nous attendait. Nous n'avons même pas eu le temps de nous changer. Nous nous sommes donc rendus à l'Élysée en survêtement. Pour la première fois de ma vie, j'allais mettre les pieds au 55, rue du Faubourg-Saint-Honoré. J'imaginais tous les chefs d'État qui avaient défilé sur le perron.

François Hollande nous a reçus en compagnie de Lionel Jospin. Ce dernier nous a présentés au Président. M. Jospin est un grand fan de basket. Un passionné. Lors de chaque compétition, nous l'apercevons. Il rate rarement une finale du championnat de France, une Coupe de France ou un All-Star Game. Il connaît la carrière de tous les joueurs de l'équipe de France.

« *Je suis fier de vous, vous avez fait honneur à notre pays.* » Les quelques mots du Président m'ont fait sourire. Je n'avais pas l'impression de rencontrer un sportif aguerri. Le basket n'est certainement pas sa spécialité. Ce n'est pas son discours qui m'a surpris, mais la petite marche installée derrière son pupitre. Je ne l'avais jamais remarquée à la télé. Mais, lors de la photo officielle, il s'est mis à côté d'Alexis Ajinça, 2 m 15 !

Nous avons fêté en beauté notre retour en France. Après l'Élysée, nous nous sommes retrouvés sur une péniche, dans le 15ᵉ arrondissement. Notre dernière soirée ensemble. Il y avait énormément de monde, nous ne pouvions plus bouger. Une fourmilière. J'ai encore plein d'images dans la tête : Boris en train de sabrer le champagne… Vincent Collet complètement relâché et éméché, une bouteille à la main, à l'opposé de l'image stricte et du personnage droit dans ses bottes que l'on connaît… Tony Parker et Nico Batum décomplexés… Ma mère aurait été fière de moi.

CONCLUSION

Je n'ai jamais été petit. À chaque instant de ma vie, j'ai dû me battre. Dès mon enfance, des problèmes habituellement réservés aux adultes m'ont été imposés. Rien ne m'a été donné. Je me suis accroché. Sur un terrain, toute mon énergie, je la puise dans ce passé. Mon passé. Mon histoire.

Que retiendra-t-on de ma carrière ? Florent Piétrus, un défenseur hors pair ? Peut-être. Bien sûr, c'est un compliment que j'accepte avec plaisir. Mais me cataloguer « joueur de défense », uniquement, qu'est-ce que cela signifie ? Je trouve cette étiquette extrêmement réductrice. Elle occulte beaucoup d'autres choses.

Si j'excelle dans ce domaine, c'est avant tout dans l'intérêt de l'équipe. Je me suis toujours adapté à mes coachs, à leur philosophie. Mais je peux, moi aussi, m'exprimer en attaque. Aurais-je dû être plus égoïste ? Certainement. J'aurais pu m'exprimer davantage et réclamer un autre rôle. J'aurais pu être un joueur différent. Aurais-je percé ? Serais-je l'homme que je suis ? Je regrette certaines décisions prises en Espagne. Les portes de la NBA se sont refermées lorsque j'ai accepté ce rôle de « défenseur ».

J'ai ce petit regret, mais j'ai gagné le respect. Ma plus grande fierté. Le respect, c'est un moteur. Un outil indispensable. Je l'ai obtenu en suant sur tous les parquets d'Europe. Malheureusement, il se perd. L'attitude de certains jeunes joueurs me choque.

Parfois, la situation est aberrante. Comme à Nancy, avec un espoir du club. À l'entraînement, Alain Weisz, lui a fait une remarque. Le gamin s'est retourné et a balancé : « *Je m'en fous !* »

J'étais à côté. Je n'ai pas été éduqué ainsi et je le lui ai fait savoir, calmement :

« *Ne te trompe pas d'objectif. Tu es ici pour nous aider. Ce n'est pas parce que tu t'entraînes avec nous que tu vas te retrouver demain en NBA.*

– Je me fous de ce que tu me racontes ! »

Depuis, il n'a plus été accepté à l'entraînement.

Ce n'est qu'un exemple parmi tant d'autres. Cette arrogance s'est répandue. Où est donc ce respect des anciens, que ce soit en famille ou avec ses partenaires ? Cette culture de l'effort ? En Espagne, cela se passe différemment. Les jeunes montrent davantage de respect. En France, j'ai l'impression, parfois, d'avoir face à moi LeBron James, le meilleur joueur NBA. Sans le talent.

Beaucoup ont oublié la définition des mots *travail* et *sacrifice.* Les agents et leur entourage font miroiter à des novices des sommes astronomiques, leur parlent de NBA, alors qu'ils n'ont que seize ou dix-sept ans.

À présent, que puis-je encore espérer ? J'ai toujours beaucoup d'ambitions. Je souhaite jouer en Euroligue, remporter encore des titres, confirmer notre belle performance avec l'équipe de France. La liste est sans fin. Je ne suis jamais rassasié.

Premièrement, la Coupe du Monde[1]. En Espagne, il nous faudra assumer notre nouveau statut. Malgré l'absence de Tony, qui a fait le choix de se reposer après une année éprouvante conclue par un quatrième titre NBA, nous avons les moyens d'accéder au dernier carré. Monter sur le podium n'est pas utopique. Loin de là. Avec Boris Diaw et Mick Gelabale, nous voulons

1. En Espagne, du 30 août au 14 septembre 2014.

marquer l'Histoire. Être la première équipe de France à décrocher une médaille dans une telle compétition. Qu'importe la couleur, je veux l'ajouter à mon palmarès !

Gagner un trophée avec les Bleus, en France ? Le rêve ultime. Mais j'en ai d'autres. Certes, ma mère ne me verra jamais sur un terrain de basket, mais évoluer devant ma grand-mère, ma famille et mes amis en Guadeloupe serait un instant magique. Une fierté incroyable ! Chaque été, lors de mes séjours à Sainte-Anne, je revis, je me ressource et je m'éclate à leurs côtés. Mais connaissent-ils réellement ma vie de basketteur ? J'aimerais tellement faire une tournée aux Antilles et chanter l'hymne national devant eux.

Si l'on se qualifie pour les Jeux Olympiques de Rio en 2016, le moment serait idéal. L'apothéose de ma carrière et de ma vie. Avant d'aller au Brésil, nous pourrions passer quelques jours en Guadeloupe, nous acclimater et profiter de la chaleur humaine. Ce serait une belle reconnaissance pour cette île et pour les Antilles, souvent oubliées par la métropole. L'équipe de France leur appartient aussi.

À Rio, si mon corps et mon niveau de performance le permettent, il sera temps de tirer ma révérence internationale. Mon ultime défi ? Jouer une dernière rencontre, une finale olympique, face aux États-Unis. Grand, très grand.

REMERCIEMENTS

En premier lieu, je tiens à remercier la personne qui compte le plus à mes yeux, ma mère. Sans elle, je ne serais jamais devenu l'homme que je suis.

Merci également à ma grand-mère pour tous les sacrifices qu'elle a réalisés, à mes sœurs et mes frères, particulièrement Mike, avec qui j'ai partagé beaucoup de bons et mauvais moments.

Je remercie Christelle, mon épouse, et mes enfants qui m'ont tant soutenu et épaulé pendant toutes ces années.

Merci à Claude Bergeaud, à Pierre Seillant et au staff de Pau-Orthez pour la confiance qu'ils m'ont accordée lors de mon arrivée en métropole.

Merci, bien entendu, à tous mes coéquipiers et à mes différents entraîneurs qui ont tous contribué à la réussite de ma carrière, de ma vie aussi.

Enfin, je remercie Romain Schué qui m'a aidé à vous raconter cette histoire.

TABLE DES MATIÈRES

Préface de Tony Parker 7
Introduction 13

Première partie
La Guadeloupe, terre d'enfance

I. Ma mère, mon moteur 21
II. Mon père absent 33
III. Une enfance modeste 37
IV. Une éducation très stricte 47
V. Premiers paniers 53
VI. Le grand départ 61

Deuxième partie
Une carrière en haute altitude

I. La solitude 65
II. Un duo inséparable 73
III. La poule aux œufs d'or 81
IV. L'émancipation 85
V. Premiers titres 95
VI. La NBA : un rêve manqué 103
VII. La reconnaissance espagnole 113

Troisième partie
Pour l'honneur des Bleus

I. Une première belge avec Tony Parker 133
II. La bataille des *ego* 139
III. Première médaille 145
IV. Le clash 151
V. Une nouvelle génération au pouvoir 157
VI. La marche vers l'or 169
VII. Le triomphe 177

Conclusion 199
Remerciements 203

Cet ouvrage a été composé et imprimé
en août 2014 par

FIRMIN-DIDOT

27650 Mesnil-sur-l'Estrée
N° d'impression : 123490
Dépôt légal : août 2014
ISBN : 978-2-35417-314-2

Imprimé en France